정수기샘의 교사수첩

정수기샘의
교사수첩

프롤로그

얼마 전, 노란색으로 탈색을 했다. 원하는 머리색을 만들기 위해서는 여러 번의 탈색이 필요한데, 한 달도 못 가서 스멀스멀 올라오는 검은 머리카락 때문에 탈색과 염색을 계속 반복해야 한다. 신규 교사 시설엔 긴 머리를 감추고 커트 머리 가발을 쓰고 다니기도 했고, 그때그때 취향이 드러나는 복장을 즐겨 입기도 했다. 어쩌면 그간 교사로서의 외적 본보기에 부응하기 위해 노력하기보다, 취향을 존중하면서 나름의 교육관을 가지고 교직 생활을 해왔던 것 같다.

교직 생활이라는 게, 개인의 취향을 존중하기 어려운 환경이라는 것은 잘 안다. 교육자로서 갖춰야 하는 자격과 요건이 많고, 반드시 지켜야 하는 규율도 세부적이다. 그런데도 오랜 시간 취향을 존중하며 교직 생활을 할 수 있던 원동력은 교사가 먼저 행복해야 아이들과 함께 행복한 교실을 만들 수 있다고 믿기 때문이다.

특히 관계에 있어서, 신규 교사들에게 자주 들려주던 이야기가 있다. 시어머니와 며느리가 서로 가까워지기 위해서는 필연적으로 자기다움을 잃어서는 안 된다는 이야기다. 시어머니와 며느리라는 관습적 관계에서 발생하는 문제를 무조건 이해하고 수용하려 하기보다, 자신의 가치관과 취향을 솔직하게 표현 할 수 있을 때, 비로소 서로의 차이를 수용하면서도 각자의 자기다움이 공존할 수 있게 된다. 이는 교실 속 선생과 학생의 관계에도 어느 정도 적용된다. 때론, 아이들을 무조건 수용하는 것보다, 선생과 아이 모두 각자의 자기다움이 어느 정도 공존할 수 있도록 서로 의사 표현을 할 때 상호 간에 소통이 더 원활해질 수 있다는 말이다.

교직 생활을 하는 동안 아이들 성격이나 취향을 존중하며 학급을 운영하는데 중점을 두다 보니, 보통의 선생님들이 감당하기 어려워하는 문제아 반을 맡게 되는 빈도수가 많았다. 다양한 문화가 공존히는 디문화 학급 학생들과 다채로운 프로젝트도 진행할 수 있었고, 그때마다 교사인 나 자신의 취향도 잔뜩 담았기에 독특하고 다채로운 학급 운영이 이뤄졌다. 아주 사소한 것 같지만, 없는 칭찬 거리도 만들어서 인정해주기, 전학생에겐 수호천사가 될 친구 만들어주기, 패널 토론식 임원 선거 방식을 도입하거나, 초딩 유튜버 크리에이터 활동 지원, 다문화 학생들과 함께 동화책을 발간하는 등 아이들과 함께해 온 다채로운 활동 덕분에 학교생활이 한층 즐거운 편이었다.

여전히 교실에서 일어나는 재밌는 이야기는 현재진행형이고, 아이들과의 에피소드를 엮어낸 <나는 오늘도 학교에 놀러 간다> 책은 여전히 교사나 학부모보다 우리 반 아이들이 읽고 또 읽는 책이 되었다. 아이들과의 에피소드만 남기기엔 다소 아쉬운 마음이 들어 다시 펜을 들었다. 이번 책에서는 교실에서 일어나는 에피소드를 기반으로 교사와 아이들 모두 자신의 취향을 발견하고 그 취향을 적극적으로 반영하는 학급 분위기를 어떻게 만들었는지를 담아내는 데 중점을 두었고, 오늘도 작은 교실에서 아이들과 고군분투하는 신규 교사들과 나눈 고민도 함께 담았다.

어쩌면 10년 뒤에나 정착될 미래 교육이 코로나19 덕분에 한층 빠르게 다가온 지금, 교사들은 각기 나름대로 미래 교육에 대해 고민하고 있다. 나 역시 급변하는 미래 사회에서 빛나는 주역이 될 학생들에게 자신이 스스로 배움을 주도하고 진로를 개척해가는 교육 환경을 어떻게 만들어주어야 할지에 대한 고민을 하고 있다. 어떻게 하면 좀 더 창의적이고 관계 지향적인 교사가 될 수 있을지 끊임없이 고민하는 것 또한 내 몫이다.

그래서인지 나는 늘 교실이라는 공간을 나만의 실험실과 연구소로 생각해 왔다. 오랜 박사과정과 경기도교육연구원의 다양한 연구과정, 참 배움연구소 등에 참여하면서 참 배움의 모든 가치는 교실에서 학생들과 보내는 시간의 질에서 발현된다고 믿어 왔다. 아이들이 참배움을 경험하고 교실 안에서 작은 활동이라도 자신이 제안한 것이 잘되었을 때, 스스로 다음 단계의 배움에 대한 의욕이 생기기 때문이다.

교직 생활을 하면서 틈틈이 기록해 두었던 교실 속 이야기들이 내게 선생으로서 자기다움을 잃지 않으면서 아이들과 행복한 교실을 만드는 데 도움이 되었던 것처럼, 이 책을 읽게 될 어느 교사

에게 그간 아이들과의 에피소드가 조금이나마 현장 교육에 좋은

영감을 선사할 수 있기를 바란다.

차례

프롤로그 004

PART 1. 정수기 선생님

Episode1. 무인도에 가서 어린이 왕국을 만드는 거야 15

Episode2. 저 아이는 왜 저러지? 라는 말만 안 해도 18

Episode3. 낯선 교실과 늘 새로 마주하는 아이들 22

Episode4. 선생님은 나를 좋아한다니까? 26

Episode5. 러시아어로 자기소개 해 보세요. 할 수 있나요? 30

Episode6. 학부모와 선생의 심리적 안전거리는 어디쯤? 34

PART 2. 아이들을 가르치다 내가 배운다 I

Episode7. 아이들이 제 뒷담화 깠대요 41

Episode8. 나는 너랑 싸운 이토순이야 45

Episode9. 아빠가 경찰서에 가겠대요 49

Episode10. 그러면 안 되는 거 아니에요? 54

Episode11. 선생님 반 애들은 해마다 학부모처럼 되네요? 59

Episode12. 내 강낭콩이 안 자라서 속상해 63

Episode13. 사실은 우리가 가족 아니야? 68

Episode14. 친구가 가니까 슬펐어 72

Episode15. 김밥은 랜덤이에요 76

Episode16. 모르겠어요, 눈물이 나요 81

PART 3. 아이들을 가르치다 내가 배운다 II

Episode17. 엄마랑 같은 말만 하네요 93

Episode18. 나가서 찍고 와. 오케이? 97

Episode19. 저주 편지가 돌고 있다 101

Episode20. 그 친구들도 다시 보내면 되죠 104

Episode21. 분리수거장 감옥 108

Episode22. 저주 편지를 절대로 보내지 않을게 112

Episode23. 선생님을 체포합니다 116

Episode24. 저 혼자 한 거니까 저만 혼내세요 120

Episode25. 정수기 선생님, 잔소리만 나온다 125

Episode26. 솔직하게 표현하는 게 진짜 힘들었어요 129

PART 4. 신규 교사와 중견 교사, 그 중간 어디쯤

Episode27. 늘 다시 새롭게 시작되는 학교생활 141

Episode28. 그건 선생님 문제가 아니야 145

Episode29. 집에 가면 완전히 녹초가 돼요 149

Episode30. 3년, 5년이 고비래 152

Episode31. 더 사랑을 많이 전해야지요 155

Episode32. 우리가 자기 교실 뒷판 꾸며 줬어 160

Episode33. 나이스는 어떻게 하는 거예요? 164

Episode34. 손이 너무 못생겼다. 의외네? 168

Episode35. 왜 내 전화를 안 받아? 173

Episode36. 저희 반은 오늘 1인 1역 정했어요 178

PART 5. 언택트 시대, 초등 교육은 처음이라

Episode37. 샘도 유튜버야 189

Episode38. 심리적 거리 두기가 필요해 191

Episode39. 아이에게 따뜻한 말 한마디 건네기 193

Episode40. 진로 교육, 성교육, 경제 교육? 195

Episode41. 선생님이 되고 난 후, 뭘 하지? 198

Episode42. 내 아이가 힘들어할 때 202

에필로그 206

PART 1.

정수기 선생님

Episode1.

무인도에 가서
어린이 왕국을 만드는 거야

멀리 학교에서 종소리가 울린다.

책가방을 둘러메고 학교가 내려다보이는 동산에 올라선 6학년 여학생 셋, 그중의 하나가 나였다.

"왜, 수정이가 안 오지?"

"수정이는 엄마가 얼마 전에 피아노 사 주셨다고 못 가겠다고 했어."

"할 수 없지. 우리끼리 가자. 무인도에 가서 어린이 왕국을 만드는 거야."

우리는 태영이 할머니가 사셨던 시골의 빈집을 찾아 버스에 올라탔다.

어린 시절 나는 학교에서 비교적 조용하고 말이 없는 학생이었다. 하지만 마음 한쪽에는 늘 혼자만의 상상을 하며 사는 아이였다. '빨간 머리 앤' 같은 만화를 동경하며 반은 현실에서, 반은 상상 속에서 살고 있었다. 그때는 텔레비전을 켜면 모험 만화가 가득했다. 하얀 모래사장이 펼쳐진 바다 너머 수평선 위로 푸른 하늘과 하얀 뭉게구름이 가득한 그런 만화 말이다. 나는 들로 산으로 돌아다니는 게 참 좋았다. 칠판에 가득 써놓은 수학 문제는 도통 이해가 가지 않았다. 우등상이 난무하던 그 시절, 나는 하도 공부를 못해서 엄마가 선생님께 자주 호출될 정도였다. 학교는 내게 그저 그런 곳이었다. 일과가 끝나면 같이 놀 만한 친구를 만날 수 있는 곳, 정도였다. 그래서 늘 방학을 기다렸다. 온종일 친구들과 신나게 놀 수 있으니까.

그때는 몰랐다. 대학을 졸업하고도 27년이나 더 초등학교에 다니게 될 줄이야. 한편으로 생각해 보면 무려 27년간 학교 탈출을 못 하고 있는건 아닌가 싶다가도, 아니다. 어쩌면 어린 시절 내가 꿈꾸던 어린이 왕국을 해마다 이 작은 교실에서 만들어 왔는지도 모른다.

교육대학교를 졸업하고, 유치원 교사 1년, 대학원 석사 2년, 박사는 무려 11년이나 투자했으니 거의 반평생을 교육기관에서 보냈다. 그 후에는 경기도연구원의 3년간의 비상근초빙연구원 활동을 하며 초등학교 교사를 하느라 연구실에서 밤을 지샜고, 아침이면 학교로 바로 출근하기도 했다. 초등학교 교사라는 직업의 세계에 진짜 발을 딛기 시작한 것은 교육대학교에 진학하는 시점이었다. 그 당시 나는 어떤 선생님이 되고 싶은지 스스로 질문을 던지며 몇 년 뒤의 상황을 그려 보았다. 그러다 서점의 구석에서 <교사 수첩>이라는 일본 초등학교 신규 남자 선생님의 책을 만나게 되었다. 당시에 선배들에게 듣던 교실 이야기는 조각보의 일부처럼 뚝뚝 끊긴 필름 같아서 아쉬움이 있었다. 하지만 일본 교사가 쓴 <교사 수첩>에는 1년간의 호흡으로 그려진 교실 생활이 생생하게 드러나 있었다. 그 책을 읽으면서 나의 교직 생활도 더 구체적으로 그려볼 수 있었다. 그리고 먼 훗날 나도 나만의 실패와 경험담을 담은 책을 한 권 내고 싶다고 생각했다.

Episode2.

저 아이는 왜 저러지?
라는 말만 안 해도

교사라는 직업을 갖고 난 후, 어디를 가나 받는 질문이 하나 있다.

"학교에 계시는구나. 힘드시지요?"

"왜요?"

알지만 되묻는다.

"아이들이 말 안 듣죠."

단정하듯이 이런 말을 던진다.

"아니요. 아이들 말 잘 들어요. 재밌어요."

내 대답에 아마 이런 생각이 들지 않을까?

아, 이 선생님은 센 아이들은 안 만났나 보다.

물론 동료 선생님 중에 뽑기를 해도, 운 좋게 순한 아이들만 만나는 분들도 계시다.

하지만 긴 교직 생활을 하며 한 번도 센 아이를 안 만나는 게 가능할까?

그런데 나는 첫해부터 매우 기가 센 학생을 지속해서 맡았다.

혹은 기가 너무 약해서 힘들어하는 학생을 만나기도 했다.

나도 처음엔 그런 아이들을 잘 이해하지 못했다.

그래서 늘 강한 협박을 했다.

"벌칙을 줄 테다."

"혼을 낼 테다."

신규 교사 시절엔, 아이들한테 화도 많이 냈었다.

그것도 내가 충분히 건강할 때나 가능한 이야기였다.

나는 자주 아팠다.

순간 화를 내거나 아이들을 벌주고 나면 나도 며칠을 아팠다.

그러다 어느 날 영상 강의를 접하고 나는 생각을 바꿨다.

"왜 저래? 저 아이는?" 이런 말을 입 밖으로 뱉는 순간 나는 순간적으로 감정이 해소되면서 일시적으로 속이 시원해진다. 그 말 한마디를 통해 나는 나 자신을 편들게 되더라는 것이다. '그 아이가 원래 이상한 아이임이 틀림없어. 맞지요? 나만 그렇게 생각하는 거 아니지?'라며 다른 사람의 동의를 얻고 싶이 했던 것이다. 그리고 누군가 동조해주면 나는 웬일인지 할 만큼의 대응과 노력을 다했다는 착각에 빠졌다. 그래서 말이 이렇게 중요한 것이다.

그리고 어느 날, 스스로 탓하는 말을 누구에게도 하지 않겠다고 다짐했다. 그리고 그 말을 안 하고 단 하루를 버티기가 너무 힘들다는 것을 느꼈다. 심지어 못 참고 그 말을 뱉어버린 뒤에야 '아차'하고 뒤늦은 후회도 했다. 말을 하고 난 뒤 다시 스스로 "아차, 또 했구나."라고 했을지라도 다시 노력했다. 그리고 그 날짜부터 다시 며칠을 참을 수 있는지 하루하루 더해서 숫자를 세었다.

놀라운 것은 그 말 한마디를 참은 것뿐인데, 나는 새로운 경지에 이르게 되었다. 우리 반 아이들을 대하는 내 마음이 크게 변화된 것이다. 단순히 말 한마디 하던 습관을 바꿨을 뿐인데 말이다. 그 경험은 나에게는 큰 충격이었다. 그 말을 누구에게도 하지 않고 내 안에 삼켜버리자 나는 답답해서 견딜 수가 없었다. 그리고 마음이 외로워졌다. 누구도 내 마음을 몰라줄 것 같았기 때문이다. 그래서 나는 할 수 없이 그 아이를 물끄러미 바라보게 된다. 그러다 보니, 그 아이를 더 자세히 들여다볼 수 있게 되었다. 또한, 아이들이 싸울 때도 아이들의 마음을 더 잘 읽을 수 있게 되었다. 그래서 더는 아이가 한 잘못을 자세히 늘어놓으라고 하지 않는다. 그저 자신의 마음 어디가 어떤지를 들여다볼 수 있게 질문을 하거나 그저 복도로 한 명씩 불러서 위로하거나 먹을 것을 먹인다.

싸운 아이 몰래 불러내어 초콜릿 바나 과자를 먹이게 된 것은 영화의 영향도 있었다. 가끔 영화가 나에게 큰 깨달음을 주기도 했다. 영화 웰컴 투 동막골에서 단연 기억나는 대사는 이것이다. "촌장 동지, 그 지도력의 비결이 뭡니까?" 군인이 산동네 촌장에게 묻는다. 촌장은 산등성이에 앉아서 매우 시크하게 대답한다. "뭘 마이 먹여야제." 때로 작은 갈등으로 싸운 아이에게 아무 말도 묻지 않고, 복도로 불러서 작은 간식 하나를 입에 넣어준다. 촌장님의 지도력의 비결을 나도 배워서 써보았다. 울퉁불퉁 모난 듯한 아이들이 나에게는 더는 모나게 보이지 않게 되었다.

Episode3.

낯선 교실과
늘 새로 마주하는 아이들

교육대학 시절 연극반 선배인 마리아 언니는, 안양에 위치한 초등학교에 오랫동안 근무를 하고, 평택으로 전근을 갔다.

"언니, 여기 다 온 거 같아. 동 호수 좀 알려 줘."

"응, 알았어. 문자로 찍어 주마."

대학 시절 연극반 동아리 활동을 함께 했던 선배들과 주말이면 어울려 지냈다. 이렇게 선배는 평택으로 발령을 받고 2년이 지나 다시 지역을 옮겨 전근 가게 될 때였다.

"언니, 이번에 그냥 옮길 거야?"

"어, 안산으로 가려고."

"안산에 언니 혼자 가는 거야?"

"응, 옆에 친한 선생님도 같이 옮기는데, 같은 학교 쓰려고 해."

해를 거듭할수록 예전 학교에서 함께 일하던 동료 선생님들이 떠오른다. 학교를 옮길 때가 되면 서로 친분이 있는 사람과 함께 옮기곤 했다. 교사란 해마다 새로운 조직, 때로는 학교를 옮기고, 지역을 옮기며 마치 신규 교사가 된 듯 낯선 환경을 맞이해야 하는 직업이다. 그래서 그 낯섦을 최소화하려고 여러 가지를 고려하여 학교를 이동하기도 한다. 물론 새로운 환경을 좋아하는 나와 같은 사람은 다른 이유로 이동을 선택하기도 한다. 다른 직업을 가진 사람들처럼 자녀의 교육, 승진, 주거 등을 우선적으로 고려하기도 한다. 보통 5년마다 이동한다고 가정하면, 학교를 8번 정도 옮기면 퇴직할 시점이 된다. 나는 벌써 이 평균적인 수를 채웠다. 최근에는 2년 주기로 전근하기도 했다.

이렇게 여러 학교에서 근무를 하다 보면 학교 조직이나 분위기가 조금씩 차이가 있다는 걸 알게 된다. 우선 규모가 큰 학교의 조직에 대해 생각해 보자. 자신만의 교실을 가지고 일을 하기 때문에 많은 부분에서 협업이 필요하지는 않다. 업무가 같은 사람들이 같은 연구실을 사용하는 것도 아니다. 학교마다 기본적으로 따르는 학년, 교실 배정의 원칙이 다 다르다. 같은 학년의 동료 교사가 많으면 교육 과정과 자료 제작이 풍부해져 수업이 매우 다채롭게 진행되는 즐거움이 있다. 한 학년에 일곱 개의 학급이 있는 지금은 그 혜택을 많이 보고 있다.

반면 작은 학교의 경우 전체 6학급인 학교는 한 학년에 한 학급밖에 없다. 같은 학년 선생님이 없다 보니, 온전히 교육 과정이나 자료 등은 내 손의 한계 안에 놓인다. 게다가 교육청에서 내려오는 공문의 양은 작은 학교라고 해서 줄여 주지 않는다. 작은 학교 선생은 업무적으로도 다양한 공문을 혼자서 처리해야 하는 경우가 더 많다. 그러다 보니, 자칫 업무를 볼 때조차 혼자만의 교실에 콕 박혀서 일하기 일쑤이다.

우리는 교실에서 아이들을 평생 대하는 직업이다. 그 이외에는 동료 교사를 통해 인간관계를 만들어 간다. 아이들, 학부모뿐만이 아니라, 동료 교사와의 관계는 교직의 많은 시간의 질을 좌우한다. 동료 교사의 업무 방식, 표현 방식, 협업 방식의 차이를 눈여겨 관찰해 두는 것이 좋다. 언젠가 중간관리자라 불리는 부장 교사의 역할을 할 때, 조금이나마 도움이 될 것이다.

학교를 옮기고, 적응하는 시간에도 우선 관찰하고, 기다리는 편이다. 조금 부족하더라도 한 걸음만 여유 있게 뒤따라가려고 한다. 다만 자신이 주도해서 해야 하는 업무의 경우에는 협조가 필요한 사람들에게 빨리 안내해 주면 기한 내에 일 처리가 유리하다. 그리고 각 부서에서 요구하는 통계 자료에 대한 답장은 기한을 지켜 주는 것이 예의다.

오랜 시간이 지나면서 나도 마리아 언니처럼 영혼이 통하는 동료와 함께하고 싶은 생각이 커진다. 서로를 잘 이해하는 동료가 있다면 아이들과의 수업, 관계 이외의 시간에도 즐거운 교직 삶이 될 것이다.

선생님은 나를 좋아한다니까?

다운이 엄마가 전화 했다.

"선생님, 지난번에 우리 다운이 때문에 수고하셨지요? 네 번이나 토했다면서요. 선생님이 너무 힘들어서 싫어했겠다. 그랬더니, 아니래요. 선생님은 나를 좋아한다니까? 진짜야. 이러더라고요."

"네, 다운이가 그랬어요? 그 말이 맞아요. 하하하."

나는 아이들 앞에서 어떻게 말해야 하고, 어디까지 말해야 하는지 늘 적정 지점을 고민한다. 아이들과의 관계나 심리적 교감에서 후회가 남지 않으려면 아이가 선생님이 자신을 싫어하지 않는다는 느낌을 유지할 수 있게 해 주는 것이 좋다고 생각하기 때문이다. 물론 일상에서 선생님이 그런 태도를 유지하는 것은 많은 훈련이 필요하다. 나의 경우는 찜찜한 일이 있었던 날, 밤에 잠자리가 편치 않았다.

그렇다고 내가 아이들을 위해 늘 친절한 교사인지 스스로 반문해 보면 그렇지는 않다.

"선생님, 우유 좀 까 주세요. 이게 안 돼요."

은지가 아침 우유를 마실 때 나에게 우유를 들고 다가왔다. 그러자, 다른 아이들도 내가 뭐라고 대답하는지 상황을 살피듯 바라봤다.

"그래, 은지야, 이게 잘 안 되는구나. 선생님이 해 줄게. 이리 줘봐요."

나는 매우 다정하게 목소리를 또박또박 내서 아이에게 기대감을 주었다.

그러자 상황을 지켜보던 아이들이 너도나도 은지 뒤로 우유를 들고 줄을 섰다. 순식간에 줄을 선 아이들이 교실 앞문까지 닿을 정도였다.

아이들 시선이 모두 나에게로 향했을 때, 나는 신중하게 우유갑을 여는 동작을 취했다.

"어머나! 이런. 잘 안 되었네?"

아이들도 저마다 탄식의 소리를 질렀나.

"안 돼!"

나는 일부러 실수한 듯 우유를 흘렸다가 바로잡는 장면을 연출했다.

은지 뒤로 선 아이들이 모두 제자리로 돌아가 버렸다.

다른 아이들 몇몇이서 손을 들며 도움을 주겠다고 나섰다.

"나 우유갑 잘 깔 수 있어. 내가 해 줄게. 나한테 와."

별거 아니어서 겸손하게 자리에서 우유를 마시던 아이는 자신이 선생님보다 잘했다는 자신감에 용기를 내어 친구를 돕기 시작했다.

그 뒤로 아이들은 친구를 돕는 친구를 보고 자신도 그런 사람이 되고 싶어서 스스로 우유갑을 열어젖히는 연습을 하기 시작했다.

아이들은 다양한 배경을 가지고 교실에 모인다. 심리적으로 위축되어 있을 수도 있고, 과하게 흥분되어 있을 수도 있다. 나는 서울대 대학원 미술교육과 은사님이신 유근준 선생님의 아동관을 마음에 새기고 있다. 아이들은 평가의 대상이 아니라 이해의 대상이어야 한다. 교실에서 아이들을 가르치다 보면 나도 모르게 '이해'보다는 '평가'로 무게감이 쏠리게 되기 쉽다. 이러한 상황에서 무게 중심을 '이해'로 옮기기 위해 내 마음을, 내 말을, 내 행동을 들여다보려고 한다.

러시아어로 자기소개 해 보세요.
할 수 있나요?

다문화 학급을 운영할 때 일이다. 교무실에 차 한 잔 마시러 들어서자, 2반 선생님이 나에게 말을 건다.

"선생님, 요즘 러시아어 공부한다면서요? 한번 해 봐요. 러시아어로 자기소개 해 봐요. 할 수 있어요?"

"안녕하세요? 즈드라스트뷔쩨, 제 이름은 정수기입니다. 미냐 자부트 정수기, 저는 교사입니다. 야 우찌쩰. 한국에서 왔고요. 야 이즈 까레야."

"이건 얼마예요? 도 해봐요."

"이건 얼마예요? 스똘리까 에또 스또잇? 많이 비싸네요. 에따 슬리시콤 도라가. 어디 가요? 쿠다 뜨 이죠시? 화장실 어디예요? 그제 뚜알렛?"

순간 둘 다 놀랐다. 나도 나에게 놀랐다. 3월에 다문화 특별학급 담임을 맡은 후 네 달 동안 생활 러시아어 문장 200개를 외우고 나니, 기본적인 소개는 할 수 있었다. 사실 꼭 러시아어를 배워야만 업무를 할 수 있는 것은 아니다. 러시아어와 한국어를 통역하며 가르치는 선생님도 나와 한 교실에 계시기 때문이다. 하지만 교실에 들어서면 나만 모르는 의사소통이 일어날 때가 있다. 그것을 나는 문제라고 바라봤다. 아이들에게 그저 얼굴로 미소만 보내서는 내가 아이들과 가까워지기 어렵겠다고 느낀 것이다. 그래서 목표를 조금 과하게 잡았다. 4개월 동안 여행 러시아어를 배워서 여름방학에는 자유여행에 도전하겠다고 얘기하고 다녔다. 6학년 우미드는 내 발음을 교정해 주며 도와주었다. 내가 러시아어를 배우며 힘들어할 때면 아이들이 한국어를 배우기 힘들어하는 자신의 마음과 통했다고 생각했는지 많이 응원해 주었던 것 같다.

학교 업무도 유기체 같다. 여러 분야의 업무를 하다 보니, 학교 업무의 흐름이 보였다. 어떤 업무는 교육청 정책에 따라 확대되기도 하고, 축소되기도 하며 때로는 소멸하는 업무도 있다. 해가 거듭되며 다양한 업무를 하다 보니, 내가 해마다 맡은 업무에 따라 내가 잘할 수 있는 일도 점차 늘어갔다. 누구나 처음에는 어설프다. 약 3년의 기간 동안 업무를 히디 보면 이느 정도 입무의 사계절이 보인다. 어느 정도 알았다고 생각했을 즈음에 나는 내 일상이 다람쥐 쳇바퀴를 돌듯 반복되고 있다고 느꼈다. 나의 업무를 대할 때, 우리 반 아이들을 대할 때, 뭔가 새로운 사고의 전환이 필요했다.

그즈음 나는 학교에서 멘토가 될 만한 선생님을 찾아갔다. 그 선생님은 다른 선생님과 다른 점이 많았다. 아이들을 가르치며 힘들다고 이야기하신 적이 없다. 그리고 언제나 자기의 삶을 주도적으로 살아가는 모습을 보여주신 분이다. 그 선생님은 몇 년 뒤 교직을 떠났다. 그리고 다시 학교로 돌아오지 않았다. 그는 자신의 못다한 꿈을 향해 디자인 대학원에 진학한 후, 디자인 회사로 전직했다. 그 무렵, 나 역시 학교를 잠시 떠났다. 대학원에 진학해 새로운 배움을 시작하고 싶었다. 다만, 나는 그분과 달리 교직과 배우는 삶을 병행하기 시작했다. 지금 돌아보면 끊임없는 새로운 도전과 배움을 갈망한다는 점에서 그 선생님과 나는 닮아 있었다.

처음 아이들 앞에 서던 설렘과 두려움의 시간이 지금도 생생하다. 초등학교 다닐 때 성적도 별로였고, 아이들 앞에 나서는 것도 부끄러워했던 내가 마이크를 잡고 아이들 앞에서 지도하는 모습이라니! 그러니 우리 반 아이 중 누군가 수학 문제 앞에 무너지고 좌절할 때, 그 아이의 미래의 모습을 그려 보아야 한다. 그건 아무도 모를 일이다. 아직은 알 수 없다.

그 알 수 없는 길을 걸어온 나를 변화시킨 것은 무엇이었을까? 나 스스로 던진 질문 때문은 아닐까? '이것이 최선일까?', '이대로도 좋은가?', '다른 길은 없을까?'라는 질문 말이다. 바로 그 순간이 나를 전환해야 하는 시점이라고 생각했던 것 같다. 지금까지 교사로 살아오면서 나는 나를 이끌어 왔고, 나의 길을 결정했고, 그 결과를 바탕으로 다시 앞날을 예측해 왔다. 어느 날 20년 전의 '나의 목표 50개'를 쓴 일기를 펼쳐 보았을 때 깜짝 놀랐다. 내가 막연하게 그리던 그 목표가 거의 이뤄졌기 때문이다. 그래서인지 다가올 남은 인생이 더 기대된다.

학부모와 선생의
심리적 안전거리는 어디쯤?

토요일 오후, 수업이 끝난 교실 앞에 승민이 엄마가 기다리고 있었다.

"어, 승민아, 엄마 오셨다. 승민이는 선생님이랑 엄마 이야기 나누는 동안 밖에서 놀면서 기다릴래?"

"네, 선생님."

승민이 엄마가 손에 커다란 문구점 비닐봉지를 들고 있었다.

"선생님, 이거 아이들하고 수업하실 때 필요하시면 쓰세요. 너무 예뻐서 제가 나가는 길에 사 왔어요."

"와, 여러 색이 있네요. 너무 예뻐요. 잘 사용할게요."

오래전 일이라 이런 물건을 주고받는 것은 문제 되지 않던 시절이었다.

내가 먼저 말을 꺼냈다.

"저기, 어머님. 제가 아이를 키워 보지 않았기 때문에 잘 모르지만요. 여기 교육학 공부를 하다 보니 이런 게 나오네요. 여기 보세요."

당시에 신규 교사였던 나는 교육학 책을 펼쳐 보여 주었다.

"승민이 손톱이 거의 없잖아요? 그런 경우, 엄마와의 애착 관계에서 아이가 충분하게 사랑받고 있지 않다고 생각할 때라고 나와 있어요. 이게 꼭 맞지 않을 수 있지만, 승민이한테 단둘이 있을 때, 승민아 혹시 엄마가 승민이 많이 사랑하는지 잘 못 느끼겠니? 라고 물어보시면 어떨까요?"

"네, 선생님, 승민이가 손톱을 물지 말라고 해도 계속 물어뜯어서요. 선생님이 얘기한 대로 한번 해볼게요."

그 후로, 며칠이 지났다. 나는 퇴근하는 길이었다.

그런데 우연히 전철역에서 승민이 엄마를 만났다.

"어머, 선생님 너무 반가워요. 선생님이 시킨 대로 물어봤더니 승민이가 눈물을 뚝뚝 흘리는 거예요. 눈도 못 마주치고요. 그래서 승민이를 꼭 안아 주고, 둘만의 시간을 정기적으로 갖기로 했어요. 터울 많은 동생에 치여서 말도 못 하고 마음으로는 섭섭했던 모양이에요. 감사해요. 선생님 덕분이에요."

그때는 나는 아이들을 제대로 이해하고 있지 못했다. 그저 책에서 읽은 아동발달단계에 대한 얕은 지식으로 어설픈 상담을 했던 것 같다. 가끔 우연히 운 좋게 맞아떨어질 때가 있다. 그날이 바로 운 좋은 때였던 거다. 그래서인지 그 장면이 20년이 지나도 생생하게 기억에 남는다.

최근에는 학부모에게 '질문'을 많이 던지려고 애쓴다. 오히려 경험이 적었을 때 상대방에게 나의 견해를 더욱 적극적으로 쏟아 내었던 것 같다. 하지만 이제는 내 생각뿐 아니라, 학부모의 생각도 소중해졌다. 둘 다 꺼내 놓고, 더 나은 선택을 하고 싶다. 아이들을 위한 문제니까. 그리고 오랜 공부를 통해 나는 책이란 것도 누군가의 합리적 사고를 담은 것일 뿐이라는 것을 알게 되었다. 그 책을 참고한다고 한들 현실의 사람들은 자신의 상황과 배경 안에서 선택하게 될 것이니까.

    그래서 이제는 이렇게 묻는다. '어떤 행위가 있고, 자극이 있을 때, 자녀가 어떤 반응을 선택하길 바라세요?', '이 아이는 누구를 보고 그런 반응을 학습할 수 있을까요?' 그리고 해답을 같이 찾아본다. 내가 선생님이지만, 모든 것을 내가 통제하고, 다 가르칠 수는 없다. 오히려 학생인 아이들에게 내가 배울 때도 있었다. 다음 이야기는 그런 에피소드를 모아봤다.

PART 2.

아이들을 가르치다
내가 배운다 Ⅰ

Episode7.
아이들이 제 뒷담화 깠대요

주말에 가끔 아이들에게서 전화가 온다.

"선생님, 있잖아요. 저 보영인데요. 제가요. 아까 오다가 친구를 만났는데요. 그 친구가요. 다른 애들 두 명이 제 뒷담화를 깠대요. 걔가 알려 줘서 제가 지금 알았거든요."

전화기 속 말이 빠르게 흘러갔다.

"보영아?"

"네?"

"지금 카톡이나 문자나 전화로 싸우지 말고, 선생님 말대로 해."

"네."

"오늘 바로 집에 가면 유튜브를 열어서 '뒷담화', '친구와 사이 좋게 지내는 법' 이렇게 검색해서 영상 3개 듣고 월요일에 학교에서 선생님하고 자세하게 이야기 나누자. 알았지?"

"네, 선생님."

처음 담임을 맡아 당황하는 이유 중 하나는 쉬는 시간에 선생님에게 이르러 오는 아이들이 많다는 것이다. 특히, 친절한 선생님에게는 이르는 아이들이 더 많을 수도 있다. 나의 경우, 친구를 이르려고 오는 아이에게는 감정 해소, 문제 해결의 두 가지 방법을 썼다. 수업 시간보다 쉬는 시간뿐만 아니라 근무 이외의 시간이나 주말에도 자주 일어나는 것이 바로 친구 이르기이다.

이때, 그 아이의 감정 해소를 위해 상대 학생에 대한 조치를 제안한다. 한마디로 해결책을 아이와 의논하지 않고, 선생이 바로 던져 주는 것이다. 선생이 상대 학생에게 어떻게 할 것인지를 먼저 얘기해 주는 편이다. 첫 번째 해결책만으로 해결되는 경우는 이르는 아이가 저학년 학생일 때에 해당된다. 또는 평소에 자주 이르는 학생이 아닌 경우거나, 아이들과 크게 갈등이 없는 학생일 경우이다. 이런 학생이 이를 때는 비교적 이 해결책만으로 바로 정리되는 경우가 많았다.

실제로 내가 상대 학생에 대해 조치를 하겠다고 던지는 말은 이런 것이다. 조금 웃길 수 있지만, 나는 이르러 온 학생에게 이렇게 얘기한다.

"선생님."

"무슨 일이야?"

"승헌이가요."

"그래, 승헌이가 어떻게 했어? 말해 봐."

"승헌이가 나한테 바보라고 하면서 내 공책에 이렇게 막 낙서 했어요."

"뭐라고? 그런 일이 있었어? 네가 잘못한 것도 없는데, 그렇게 했다니 너무했네! 이건 선생님이 꼭 혼내 줘야겠구나. 일단 선생님이 이따가 다른 애들 없을 때 불러서 볼때구 두 번 꼬집어 주고, 똥침도 두 번 해 주고, 청소도 두 번 더 시킬게. 그러면 되겠니?"

보통 이렇게 즉시 반응하며 과장되게 말해 주면 속상했던 마음이 조금 풀리는 듯 보인다. 아이의 얼굴에 슬쩍 미소까지 지으며 고개를 끄덕인다면 성공한 것이다. 그런 다음 실제로 이 아이를 보내고, 상대 아이를 불러서 그런 조치를 하지는 않는다. 보통 이르러 오는 아이는 선생이 그 정도로 마음을 알아주면 기분이 나아져서 굳이 그다음에 어떻게 했는지는 묻지 않는다. 만약 그 아이의 눈빛이 따갑다면, 상대 아이를 교실 밖으로 잠깐 불러낸다. 나의 경우 간단히 지도하고 가볍게 사과의 쪽지를 받아 두기도 했다.

내가 결정을 빨리 내려야 할 때도 있겠지만, 내 앞에 마주한 아이의 표정과 말투를 차분히 시간을 두고 관찰해야 교사인 나도 성장한다는 것을 느꼈다. 교육학 책에서는 마주할 수 없었던 아이의 살아있는 표정, 말투, 몸짓이 선생인 나의 실전 교육학 교재인 셈이다.

Episode8.
나는 너랑 싸운 이토순이야

가면 뒤의 대화는 이렇게 시작하게 되어 있다.

"안녕?"

"안녕?"

"나는 너랑 싸운 이토순이야."

"나는 너랑 싸운 김곰돌이라고 해."

"반가워. 내가 아까 너에게 화가 난 게 있어. 그래서 너랑 이야
기하려고 해. 우리 서로 이야기해 볼까?"

"반가워. 나도 아까 속상하고 섭섭한 게 있었어. 그래서 너랑 같
이 이야기를 하고 싶어. 나는 ~"

내가 신규 교사였을 때 1학년 아이들에게 이 방법을 쓰자, 아이

들이 가면을 쓰고 갑자기 교과서를 또박또박 읽듯이 말하느라 둘 다 웃음이 흘러나왔다.

저학년 아이라도 습관적으로 이르는 통에 친구와 사이가 좋지 않은 사례가 있다. 이럴 때 아이들 관계의 문제를 스스로 대화로 해결해 볼 수 있도록 판을 깔아 주는 것이다. 수업 시간에라도 친구 때문에 토라진 학생이라면 그 시간 공부에 집중이 될 리가 없다. 그렇다고 선생이 다른 아이들의 모든 수업을 멈추고 이 아이들 문제만 해결해 주기에는 수업 시간이 낭비되는 것이 아쉽다. 수업과 상관없이 그 아이들은 대화를 하고, 선생과 다른 아이들은 이어서 수업을 할 수 있는 방법을 고안해 낸 것이, '토순이와 곰돌이의 대화방' 시스템이다.

내가 "대화방 열어!"라고 지시하면, 사물함에서 잽싸게 2인용 돗자리를 꺼낸다. 그 역할을 담당하는 모둠이 있다. 그 아이들은 토끼와 곰 가면, 돗자리를 교실 구석에 깔아 주고 바로 자리로 돌아가 계속 공부한다. 그러면 갈등이 있는 아이들은 가면을 쓰고, 가면 뒤에 있는 기본형 대화에 맞추어 이야기를 시작한다. 여자아이는 토끼 모양의 가면, 남자아이는 곰의 가면을 쓸 수 있게 만들어 두었다.

몇 년 전부터 모둠 및 전체 토론이나 발표 수업을 많이 하고 있다. 그러다 보니, 수업 시간에 아이들 간의 싸움이나 불편한 감정이 더 많이 나타났다. 그럴 때면, 틈틈이 시간을 내어 아이들 한 명씩 개인적인 대화 시간을 자주 가지려고 노력한다. 쉽지 않지만, 이런 시간이 아이들이 수업에 더 편안하게 집중할 수 있게 해주기 때문이다. 아이마다 개인적인 사고방식이나 습관적 태도가 있다. 이것은 일상 속에서 반복적으로 일어난다. 그래서 3월 초에 갈등이 있었던 아이들은 다음에도 여지없이 갈등이 일어나기 마련이다. 자신의 방식으로 다른 친구를 대하다 보면 자연스럽게 그런 일이 생긴다. 나는 각자 아이들이 다른 친구와 관계를 만들어 갈 때 반복되는 패턴이 무엇인지 찾으려고 아이들끼리 노는 시간에도 귀 기울이며 관찰한다. 그리고 왜 자신이 그런 말과 행동을 반복하게 되는지를 직접 그 아이에게 질문해보기도 한다.

보영이가 나에게 자신의 억울함을 하소연했을 때도 나는 상대가 어떻게 무엇을 했는지를 자세히 묻지 않았다. 그저 보영이에게 스스로 변화할 수 있는 부분이 무엇이고, 어떤 것이 더 도움이 될지만 생각했다. 그러다 2학기가 되었을 때, 우리 반은 새로운 주제를 연구하기로 했다. 초등학교 수업에는 교과서 수업과 창체라고 불리는 '창의직 체험활동' 시간이 있다. 이 시간을 이용하거나 국어, 사회, 과학, 수학 수업을 아이들의 생활 문제와 엮어서 꾸리곤 했다. 고학년 정도 아이라면 이르게 만든 원인 행동을 했던 아이에 대한 지도도 중요하지만, 이르러 온 아이가 자신을 돌아보고 대응하는 방식을 바꿔 볼 수는 없는지 생각해 보도록 해 주었다.

Episode9.

아빠가 경찰서에 가겠대요

다문화 교실에는 나 말고도 두 명의 선생님이 더 계신다. 러시아어와 한국어로 러시아 학생을 가르쳐주시는 이중언어 강사인 알라선생과 라나선생이다.

밤중에 전화가 울린다. 알라선생이었다.

"네, 선생님"

"선생님, 제가 늦은 시간이지만 전화했어요."

"예, 얘기하세요. 괜찮아요."

"네, 방금 데니스 아빠가 전화가 왔는데요. 말리크랑 피르다우스가 데니스를 때려서 크게 다쳤대요. 그래서 데니스 아빠가 경찰에 신고할 거라고 지금 전화가 와서요."

"데니스 많이 다쳤대요? 어느 정도인가요?"

"지금 엄청 심하게 다쳤다고 하는데, 자세히는 말을 안 하고 화를 내면서 빨리 해결하라고만 했어요."

"네, 알겠어요. 선생님 늦은 시간에도 연락해서 상황 알려 줘서 고마워요. 일단 오늘은 푹 쉬고, 내일 만나서 처리해요. 고마워요."

"네, 선생님."

전화를 끊고 보니 밤 11시였다.

아직 한국말이 서툴기 때문인지, 다문화 교실에서 다툼이 일어나면 같은 언어를 사용하는 러시아권 아이들 사이에서 일어난 것이 대부분이었다. 다음 날 아침 데니스 아빠와 다시 통화해서 관련된 학생 명단을 뽑고, 학교로 호출했다. 학교폭력 사안 처리 절차에 따라 담당 부장인 선생과 교감, 그리고 나 세 사람이 모인 자리에서 현재 상황을 공유했다.

데니스 아빠가 관련된 학생이라고 불러 준 아이들 이름이 무려 일곱 명이었다. 데니스 가족까지 더하니 8명의 학생과 학부모 한 분씩만 와도 회의실이 꽉 찼다. 그리고 관련 학생의 담임 선생님까지 모두 참관하도록 요청했다. 선생 일곱, 러시아 선생 둘, 교감,

그리고 나까지 더해졌다. 좀 더 객관적인 시각이 공유될 수 있게 되도록 관련된 많은 사람을 참여하게 하였다.

"알라 샘, 라나 샘, 지금 연락해서 모두 11시까지 회의실로 오도록 해 주세요. 그리고 아이들은 지금 바로 학교로 오라고 하시고요."

담임 선생에게는 아이들이 사건 개요가 보이도록 글을 쓸 수 있게 지도해달라고 요청했다. 한국어로 대화가 되는 아이는 담임이 직접 물어서 컴퓨터로 작성해도 좋고, 아이가 자필로 쓸 수 있으면 자필도 허용했다. 한국어가 서툰 경우는 알라 선생과 라나 선생이 통역을 도왔다.

10시 30분에 한국어 교실에 담임선생과 아이들 모두 모였다.

"자, 이제 각자 상황을 쓴 것을 칠판에 그림으로 그려 볼게요."

라나 선생이 동시통역했다.

나는 칠판에 아이들 이름을 따로따로 썼다.

"여기 내용을 모두 읽어 봤어요. 자, 맞나 보세요. 데니스가 비비탄 총으로 피르다우스 머리 쪽을 쐈어요. 피르다우스와 말리크가 데니스를 쳐다보면서 쏘지 말라고 왜 쏘냐고 하니까 데니스가 웃으면서 그냥 가려고 했어요. 피르다우스가 머리를 한 대 때렸어요. 그리고 다른 이이들은 그 장소에 있기는 했지만 별다른 신체 접촉이 없었어요. 데니스는 자전거 타고 빨리 가다가 혼자 턱에서 심하게 넘어졌어요. 시간이 지나고 저녁에 집에 돌아간 데니스는 아빠가 허벅지 같은 곳에 왜 멍이 들었냐고 물으니까 아빠가 무서워서 울먹이다가 친구가 온몸을 때렸다고 말했어요. 데니스 아빠는 알라 선생한테 밤에 전화하고, 다시 아침에 담임인 생활 인권 부장 선생에게 다시 전화해서 빨리 해결 안 하면 경찰에 신고한다고 했어요. 자, 여기까지 모두 맞나요?"

"네."

모두 수긍을 했고, 데니스는 고개를 끄덕이긴 했지만, 여전히 다시 울먹이고 있었다.

다시 11시가 되어 회의실에 모인 학부모들 앞에서 나는 역시나 칠판에 아이들 관계도를 화살표로 그려서 표시하고 나서야 사건은 명쾌하게 마무리되었다.

이 경우는 또 다른 이르기 유형인데, 바로 엉뚱하게도 거짓말로 이르는 학생이다. 진짜 거짓말인 경우도 있고, 자신과 상관없는데도 멀리서 들은 소문을 믿고 확인도 해보지 않은 채 이르는 경우도 있다. 선생은 모든 상황의 시나리오를 예측해두어서 나쁠 것은 없다. 여러 가지로 예측한 시나리오에 따라 어떤 반응과 대응을 선택할지 결정할 때마다 무슨 방법이든 써 보고, 얼마나 효과적이었는지 확인해 보는 것이 좋다. 그리고 순간의 선택에서는 다소 용감할 필요가 있다. 물론 현실에서 내가 예측하지 못한 위험요소도 따르기 마련이다. 그렇지만, 해결 과정을 통해 그러한 실수도 보완해 가면 그만이다. 조금 실패해도 괜찮았다고 말하고 싶다. 27년 차 교직 생활을 경험해 보니 너무 마음 졸이지 않아도 별 문제 없었다고 당시의 나 자신에게 말해 주고 싶다.

Episode10.

그러면 안 되는 거 아니에요?

"선생님 반은 왜 액체 괴물 가져와도 되나요? 그러면 안 되는 거 아니에요?"

날 좋은 5월, 공원과 연결된 학교 후문에서 다른 반 아이들이 나에게 따져 물었다. 내 대답이 궁금한 건 사실 우리 반 아이들이겠지. 옆 반 아이들 질문 때문에 자유로운 학교생활에 타격이 올 수 있는 자기들 문제일 테니. 내 주변으로 우리 반 아이들까지 잔뜩 다 몰리기 시작했다. 그중에는 다른 반 아이들도 대여섯 명 되었다. 다들 나만 바라보는 중에, 특히 우리 반 아이들은 입술에 힘을 주고 오므린 채로 꼼짝하지 않고 내 대답을 기다리고 있었다.

"궁금해? 우리 반은 왜 액체 괴물을 가져와도 되는지?"

"네."

물론 우리 반 아이들은 대답하지 않는다. 혹시라도 내가 안 된다고 할까 봐 아무 말 안 하고 지켜보고 있는 것이다.

"자, 그럼 우리 반을 잘 봐. 얘들아, 4학년 1반?"

"네!"

"지금 선생님이 우리말로 하면 바로 영어로 말해 봐. 할 수 있지?"

"네."

"~이 필요하다."

"아이 니드!"

"나는 새 차가 필요해."

"아이 니더 뉴카!"

"나는 휴가가 필요해."

"아이 니더 베케이션."

"나는 머리를 잘라야겠다."

"아이 니더 헤어컷!"

"나는 조언이 필요하다."

"아이 니더 섬 어드봐이스!"

"~을 희망한다."

"아이 홉프!"

"눈이 왔으면 좋겠나."

"아이 홉프 잇 스노우즈."

"내가 탈 비행기가 제시간에 출발했으면 좋겠다."

"아이 홉프 마이 플레인 리브즈 온 타임."

우리 반 아이들이 큰 소리로 대답했다.

나는 다른 반 아이들을 보며 말했다.

"들었지? 봤지? 우리 반 아이들은 내가 스스로 영어 공부하라고 했더니만 이렇게 100문장을 외웠어요. 거의 모든 아이들이 말이야. 1초 만에 바로바로 영어로 바꿔서 말하잖아. 이렇게 열심히 하는데, 선생님이 어떻게 액체 괴물을 가져오지 말라고 하겠니? 한꺼번에 쉬지도 않고 세 시간, 네 시간씩 공부하니까 쉬는 시간을 모아서 자유 시간을 주고, 그때라도 하고 싶은 거 하라고 하는 거 아니야. 우리 반은 선생님이 감동받아서, 집에서 인형도 가져와도 되고, 액괴도 가져와도 되고, 컵 쌓기도 가져와도 되고, 요요도 가져와도 된다고 했어. 싸우지도 않고 예쁘게 노니까 선생님도 고맙잖아."

그 뒤로 다른 반 아이들은 우리 반 아이들에게 더는 이런 문제로 부러워하지도 않았고 따지지도 않았다. 나는 영어 전담 선생님이 아니지만, 우리 반 아이들을 위해 별도의 영어 교육을 해 주고 있었다. 아이들은 비밀 점수와 선물, 칭찬을 받기 위해 쉬는 시간에도 모여서 외울 정도였다. 그런 아이들에게 주의 사항만 잘 지킨다면 액체 괴물을 가져와서 좀 놀면 어떤가? 이게 내 생각이다. 아이들이 좋아하고 그 당시에 유행하는 놀이에 참여하는 것은 훗날 어른이 되어서도 비슷한 또래의 친구들과 감성과 추억이 맞아 떨어져 재미있는 이야깃거리가 된다. 나는 그런 추억을 지켜 주는 선생이 되고 싶었다. 아이들은 기억할지도 모르겠지만.

초등학교는 기본적으로 같은 학년 선생이 함께 교육 과정을 협의하고 학급 운영에서도 큰 차이를 두지 않으려는 문화가 조성되어 있다. 그러나 우리는 프랜차이즈 카페를 운영하는 것이 아니기 때문에 각 반의 아이들 성향이나 선생의 특기에 따라 학급 운영 방법은 다양하게 이뤄지는 편이다. 학급 운영에서 필수적인 매뉴얼이 교사 커뮤니티에 없는 것은 아니지만 담임마다 창의적으로 운영하며 나름대로 효과성이 뛰어난 시스템을 교직 생활 내내 개선해 적용해 나간다. 이때 이러한 차이를 알아차리고 관심을 두는 아이들 사이에서 각 반 시스템의 비교가 이뤄진다. 그 과정에서 다른 반 아이들이 불평하거나 우리 반 아이들이 불평을 할 수 있다. 나는 대체로 그런 경우 다른 반 아이들의 생각보다는 우리 반 아이들의 의견에 더 집중한다. 그리고 그럴 때마다 우리 반 아이들의 공감을 이끌어서 대처하는 편이다. 우리 반 아이들이 친구들이나 부모님께 우리 반 운영에 대한 홍보대사가 될 수 있도록 말이다. 나 대신에.

Episode11.

선생님 반 애들은 해마다
학부모처럼 되네요?

"어떻게 아이들이 학부모처럼 협조하나요?"

"도대체 어떻게 하면 아이들이 그렇게 성과를 내나요?"

여러 번 같은 학년이었던 옆 반 선생은 우리 반을 지켜보며 이런 질문을 했다.

"저 선생님이 영재 아이 잘 가르치는 선생님이셔."

또 어떤 학부모들은 나에 대해 이렇게 얘기한다.

아마도 우리 반 아이들이 쉬는 시간에도 삼삼오오 모여서 공부하기 때문일 것이다. 그것도 놀이하듯 즐겁게 열중해서 말이다. 그와중에 수업 준비도 함께하기 때문이다. 수동적이거나 무기력한 아이들이 내가 맡은 반이라고 없었던 것은 아니다. 하지만 우리 반은 적극적인 아이들이 점차 많아진다는 것이 차이점이다. 소극적인 아이가 없어서 차별화되는 것이 아니다.

"선생님은 말이야. 친구에게 욕하거나 때리는 것, 은근히 지속해서 괴롭히는 것은 절대로 우리 교실에서는 안 된다고 생각해. 선생님은 그러한 것에는 단호하게 지도할 거야. 그리고 선생님은 최대한 너희들이 잘 배울 수 있도록 도울 것이다. 지금 나눠 주는 종이에 선생님에게 원하는 것, 자기가 두려워하는 것, 좋아하는 것, 갖고 싶은 것, 하고 싶은 것 등을 잘 써서 내줄래? 다음에 추가 기회는 없어. 좋아하는 과자, 음료수 등도 써도 괜찮아. 너희가 잘 배우고 따라오면 선생님이 그때 이 종이에 적힌 것을 참고해서 선물을 주도록 할게.

다시 한번 강조한다. 친구에게 욕하거나 때리거나, 괴롭히는 것은 안 된다. 그리고 선생님이 너희 행동이 지나쳐서 조금 있으면 갑자기 화를 낼 수도 있을 때는 예고해 주겠다. 선생님이 화를 내기 전에 먼저 신호를 주면 눈치가 없는 학생은 그 신호를 보고, 행동에 참고하면 된다. 그리고 점차 눈치를 길러 가도록 노력해라. 혹시 눈치가 없어서 친구 관계가 힘들면 이야기해. 선생님이 그것도 알려줄게."

나는 되도록 지켜야 할 규칙을 많이 정하지 않으려고 한다. 자연스럽게 아이들이나 내가 납득할 만한 것은 서로 지켜나가게 되어 있다고 믿어서다. 때로 한 학급을 이끌기 위해 나름대로 시스템을 만들기도 한다. 매우 촘촘하게 학급 운영 시스템을 개발하고 돌리는 선생도 있다. 나도 나름 시스템을 가지고 있지만, 내가 가진 시스템은 그렇게 촘촘한 편은 아니다. 오히려 선생은 조금 게으르지만, 아이들이 스스로 점검하고 따르는 시스템에 더 가깝다. 나는 아이들이 납득할 만한 선에서 타협하고 맞춰 가는 방식으로 학급을 운영한다. 그런데, 납득, 타협, 공감 그런 거 필요 없이 내가 밀어붙이려고 하는 것이 몇 가지 있다면 이것만은 아예 첫날 구체적으로 설명하고 아이들에게 각인시킨다.

나는 최대한 적극적으로 아이들을 지도할 것이며, 아이들의 관계에 개입하는 선생님이다. 관계 연습이 안 된 아이들도 많이 있기 때문에 최대한 적극적으로 지도하려고 한다. 그런데 대부분의 아이는 오히려 이와 같은 개입에 심리적 안정감을 느낀다. 학급에서 이유 없이 자신을 괴롭히는 아이와 한 학급에서 생활해야 하는 아이의 마음은 얼마나 불편할까? 오히려 적절한 담임 선생의 통제와 관리가 있을 때 아이들이 안정감을 느낀다는 것은 여러 교사 리더십 연구에서도 밝혀진 것이다. 사신이 안선할 것이라는 신뢰가 있어야 비로소 배움에 집중할 수 있지 않을까? 배움의 본질은 무엇인가? 자신이 아는 한계를 극복하면서 새로운 수준에 도달했을 때 기쁨을 느끼는 것이다. 나는 어느 정도로 학급을 통제해야 할지 고민할 때, 그 기준을 전체 학생의 배움에 도움이 되는가를 고민한 뒤 결정해야 한다는 생각을 하고 있다.

Episode12.
내 강낭콩이 안 자라서 속상해

"우와! 강낭콩 싹이 진짜 많이 자랐어. 이거 봐."

아이들이 감탄하는 소리가 들린다.

"얘들아, 오늘은 자기가 좋아하는 인형 가져온 거랑, 강낭콩하고 같이 셀카를 찍는 시간을 가질 거야. 선생님이 음악도 틀어 줄게. 재미있게 찍고, 실험 관찰 책에 관찰 내용도 함께 의논하면서 써 봐. 과학책 참고하고."

"네."

아이들이 내 말이 끝나기도 전에 핸드폰을 꺼내 들고, 웅성웅성 모둠으로 모여들고 있었다.

그때, 누군가 큰소리로 외쳤다.

"선생님, 민호가 울어요."

아이들이 나에게 상황을 알리고 민호 주변으로 몰려들었다.

"울지 마, 민호야."

"왜 울어?"

"강낭콩이 안 자라서 속상해서 그래?"

아이들이 위로해 줘도 민호는 한마디도 하지 않고 눈물만 흘렸다. 내가 민호를 불렀다.

"민호야, 이리 와 봐."

민호는 화분을 두 손에 들고 걸어 나왔다.

"싹이 나오지 않았구나. 민호가 물을 주었는데, 왜 안 자랐을까?"

"네, 매일 계속해서 물을 줬단 말이에요."

울먹이는 목소리로 겨우 알아듣게 말했다.

"아, 그랬어? 이런, 사랑을 너무 많이 주었네. 물을 너무 많이 챙겨 주어서 씨앗이 불거나 썩은 것 같은데?"

또 민호는 눈물을 흘린다.

"민호야, 속상하구나."

"네."

"선생님이 새로 강낭콩 줄게. 다시 해 보자. 지금 키워도 잘 자랄 거야. 걱정하지 말고, 이번에는 여기 이 흙이 촉촉하도록 물을 한번 주었으면 그다음 날까지 참았다가 주면 되거든. 알았지? 이번에는 잘 키워 보자?"

"네, 고맙습니다."

그 이후, 민호의 강낭콩도 잘 자라 주었다.

그리고 다른 아이들에게도 말을 해 주었다.

"오늘 민호 강낭콩이 자라지 않은 이유를 우리 모두 배워 보자. 식물이 자라는데, 햇빛, 물, 공기가 필요하다고 했지? 그래서 민호는 매일 물을 주었고 아주 잘 보살폈어. 그런데 강낭콩 씨앗이 물을 너무 많이 줘도 작은 우유갑 화분 안에서 썩어 버리거나 불어 터져 버리는 모양이야. 강낭콩 씨앗이 감당할 수 있을 만큼의 물을 주는 것이 필요하다는 걸 배웠지? 우리 부모님이 우릴 사랑한다고 음식을 너무 많이 주거나, 다칠까 봐 집에서만 있게 하고, 계속 지켜보면 너희가 잘 성장하기 어렵잖아? 그럴 일은 없겠지만, 예를 들면 사랑을 주더라도 그 사랑이 아이에게 필요한 방식으로 조절해야 하는 것처럼 강낭콩에 물을 주는 것도 그래야 하겠네. 오늘 각자 생각한 것을 다음 시간에 토론해 보자. 대신 인터넷으로 자료 찾아보고 궁금한 점을 생각해 옵시다."

과학 시간에 강낭콩 기르기 실험을 했던 때의 이야기이다. 강낭콩을 꼬마 화분에 3알씩 심었다. 아이들에게 사막에 식물원을 만든 사람들의 영상을 보여 주었다. 강낭콩을 잘 기르기 위해 꼭 필요한 물, 공기, 햇빛에 대해서도 알려 주었다. 창가에 아이들 수만큼 25개의 화분이 놓였다. 그러던 어느 날 강낭콩이 고개를 들고 흙덩이를 뚫고 무럭무럭 자랐다. 단 하나의 화분만 빼고 말이다. 성공한 화분의 주인공은 세쌍둥이 아빠나 엄마가 된 셈이다. 어떤 화분은 두 개의 강낭콩만 성공하기도 했다. 아까 말했던 그 단 하나의 슬픈 화분은 강낭콩 싹이 아예 나오지 않았다. 아무리 기다리고 기다려도 말이다. 결국 그 강낭콩 아빠인 민호는 펑펑 눈물을 쏟았다.

그런 민호를 지켜보는 아이들도 함께 안타까워하고 돕고 싶어 하는 눈치였다. 교실에서 아이들에게 특별한 이야깃거리를 만들어주면 그 안에서 감정이 드러나고, 그 감정을 서로 이해하고 감싸주면서 아이들이 하나의 사건을 추억하게 되는 것 같다. 모든 아이들이 민호와 같은 감정인지 잘 알 수 없지만, 나는 이 일을 통해 교실에서 아이들이 감정을 느끼고, 표현하고, 공감하는 수업의 가능성을 보았다. 아이들 간에 싸움이 일어나서 감정을 표현하고, 조절하고, 위로하고, 치유하며 작은 사회를 배우는 것보다는 이런 사소한 상황을 만들어주고, 자신과 사물, 자신과 목표, 자신과 과제 등 여러 환경을 교사가 의도적으로 많이 제공해서 그 과정에서 감정을 느끼고 조절하는 법을 배워가기가 훨씬 쉽고, 심리적 타격도 작을 뿐만 아니라, 앙금 없는 추억을 쌓기에도 더 낫다.

사실은 우리가 가족 아니야?

아이들은 강낭콩을 모둠 책상 자리로 가져와서 포토타임을 즐기고 있었다. 초록초록한 강낭콩과 집에서 가져온 인형을 들고 서로 핸드폰으로 사진을 찍었다. 찍은 사진은 우리 반 카톡방에 공유했다. 그때, 갑자기 운동을 잘하는 시온이가 말을 걸어왔다.

"선생님, 제가요. 정말 궁금해 죽겠어요."

"뭔데?"

"강낭콩을 키우다 보니까요. 강낭콩이 작은 콩알이었다가 강낭콩 나무로 자라잖아요? 그리고 또 열매가 열리죠. 그 열매는 다시 강낭콩이니까 또 심으면 자라고요."

"그래, 그렇지."

"그러니까, 우리 할아버지가 있잖아요? 그러면 그 할아버지의 할아버지가 있고, 그전에도 또 할아버지의 할아버지가 있을 거 아니에요? 그 할아버지는요. 어떤 모습이었을까요? 강낭콩같이 아기씨였을까요? 강낭콩 나무처럼 처음부터 어른 모습이었을까요? 진짜! 진짜! 궁금해요."

"그래? 진짜 궁금하면 한번 알아봐야지. 얘들아, 너희가 강낭콩 키우면서 우리 인생에 대해서 궁금해진 것 있으면 다 질문으로 만들어 봐."

칠판에 만들어진 질문은 단숨에 25개 정도로 늘어났다.

"할아버지의 할아버지는 어떻게 만들어졌을까?"

"귀신은 있을까?"

"우리가 태어나기 전에 뭐가 있었을까?"

"지구 끝에는 뭐가 있을까?"

"지구는 어떻게 만들어졌을까?"

"죽으면 다시 태어나는가?"

"영혼이 있는가?"

"태어나기 전에 엄마, 아빠를 결정해서 태어나는가?"

"귀신도 영혼이 있는가?"

"귀신이 어디에 사는가?"

"죽으면 다시 만날 수 있는가?"

"죽으면 바로 천국으로 가는 걸까?"

"몇 년 만에 환생할까?"

"우리가 만나는 이유가 있을까?"

"우주에는 다른 지구가 있을까?"

그리고 책이나, 주변 사람들, 동영상을 찾아보고, 일주일 뒤에 토론하기로 했다.

각자 조사해 온 내용이나 자신의 상상력을 발휘하여 글을 쓰기 시작했다.

그 글을 쓰다 보니, 아이들은 또다시 새로운 의문이 생긴 듯했다.

"아니, 할아버지의 할아버지, 그 할아버지 그렇게 계속 올라가다 보면, 우리가 사실은 친구가 아니라 형제나 가족인 거 아니야?"

"아, 그래서 사이좋게 지내라고 그러는 거 아닐까?"

"어, 그런 거네! 맞아."

강낭콩으로 시작된 수업은 생각지 않게 더 많은 질문을 만들어 냈다.

수업 주제에서 벗어난 질문이라도 아이가 뱉은 말이라면 수업에 소중하게 활용했던 것이 아이들에게 생각하는 힘을 길러 주었다고 생각한다.

우리는 말과 행동으로 소통하면서 살아가야 한다. 아이들, 학부모, 선생 모두 소통을 잘한다면 가까워질 수 있고, 원만하게 문제를 해결할 수 있다. 하지만 긴장하고 걱정하는 마음으로 소통을 제대로 하지 못한다면 생물학적 가족조차 멀어질 수 있다. 선생은 아이들과 적절히 소통하면 된다. 수업을 통해서, 쉬는 시간을 통해서 말이다. 과학 시간에 강낭콩을 기르고 관찰하는 수업에서 무심코 질문을 던진 아이의 말을 나는 수업의 주제로 바로 활용했다. 일상에서도 아이들이 스스로 생각하고 결정하며 자신의 삶을 평화롭게 만들어가길 바라는 마음이다.

Episode14.
친구가 가니까 슬펐어

진수는 공부 시간에 뭔가를 하지 않는다. 책을 읽는 것도, 글씨를 쓰는 것도, 발표하는 것도 하지 않는다. 그러다 점심시간이 되어야 시작한다. 그러니 당연히 시간이 모자라고, 마음만 다급해지는 것이다.

"진수야, 이거 다 써야지 점심 먹을 수 있어. 얼른 쓰고 같이 가자. 늦으면 우리 먼저 내려가고 너는 혼자라도 쓰고 와."

그나마 진수가 좋아하는 점심시간을 미끼 삼아 알림장이라도 쓰고 집에 보내고 싶은 마음에 나는 늘 이렇게 얘기한다.

진수는 울상이 된 표정과 다급한 표정이 묘하게 섞인 채 체념한 듯 밀린 알림장을 써 내려갔다.

월요일 아침이었나, 개학한 주였나?

아이들이 아침에 서로 무슨 일을 하며 지냈는지 여기저기서 나에게 말을 걸어왔다.

"선생님, 제가요!"

다른 아이들이 이야기하고 있는데도 나에게 여러 아이가 동시에 말을 걸어왔다.

"그럼, 앞에 나와서 친구들한테 얘기하는 건 어때?"

막상 앞에서 얘기해 달라고 하니, 아이들이 멈칫했다.

사실 아이들은 선생님과 단둘이서 대화하는 것은 익숙하지만, 여러 사람 앞에서 하라면 어색해한다. 자주 겪는 상황이 아니니까 그렇다. 그 대상이 늘 보던 친구들 얼굴이라도 뭐라고 말해야 할지 말문이 막히는 모양이다.

그래서 첫 마디의 물꼬를 터 주는 나만의 방식을 쓴다.

"앞에 나와서 말할 때는 먼저 '애들아' 하고 말을 꺼내. 그러면 자리에 앉아 있는 너희들은 '응' 하고 대답해 줘. 그리고 다시 '내가 방학 때 있었던 일을 얘기해 줄게'라고 말해. 그러면 너희들은 '알았어'라고 대답해 주고 나머지 이야기를 들어 줘. 알았지?"

이렇게 알려 주면 대체로 어색하지만 발표를 말하듯이 해내는 것을 볼 수 있었다.

우선 세 명에게 한번 발표를 해 보라고 제안했다.

"한 세 명 정도만 나와서 얘기하자."

그때, 세 명의 아이가 손을 들었다. 그리고 조금 늦게 진수가 손을 번쩍 들었다. 원래는 셋만 하겠다고 했지만, 진수까지 포함해서 네 명의 이야기를 듣기로 했다. 진수가 스스로 손을 든 경험이 별로 없던 터라 이야기가 듣고 싶었다. 그런데, 진수 이야기를 안 들었으면 큰일 날 뻔하였다. 물론 이야기 내용도 좋았지만 더 큰 이유가 있었다. 그동안 발표를 하지 않아서 몰랐는데, 마치 나를 흉내 내듯이 아이들을 집중시키며 호흡을 맞춰 가며 발표하는 태도가 무척 훌륭했기 때문이다.

"애들아, 지금부터 내가 발표할게. 잘 들어 봐. 우리 집에 어제 민호가 놀러 왔어. 민호가 벨을 눌렀어. 나는 누군지 몰랐어. 그래서 안 열었어. 근데 계속 벨 소리가 들리는 거야. 나가 봤더니 민호였어. 민호랑 나는 게임도 하고 라면도 먹었어. 그런데, 민호가 집에 간다고 했어. 민호가 가고 나는 슬펐어."

그때, 아이들이 질문했다.

"왜? 왜 슬펐어?"

"응, 친구가 가니까. 우린 친구니까. 그러니까 슬프지."

이야기를 좀 더 한 뒤에 진수는 자리로 들어갔다.

나는 진수를 칭찬했다.

"애들아, 선생님이 발표를 어떻게 해야 하는지 이야기해도 그것을 잘하는 사람이 없었는데, 우리 진수는 저기 뒤에 있는 친구한테도 잘 들리게 발표를 잘하네. 그동안 선생님을 열심히 관찰했구나."

칭찬에 힘입어서인지, 진수가 다시 일어났다.

"선생님, 질문을 받아도 되나요?"

"그래, 해 봐."

"애들아, 내가 깜박하고 그냥 들어갔는데, 나한테 궁금한 거 질문해 봐."

내가 늘 아이들에게 질문을 받으라고 했던 것이 생각났던 모양이다.

진수는 작년까지 친구가 없었다고 했다. 내가 유독 아이들과 소통하는 것에 신경을 쓰는 목적은 아이들 간 소통을 원활하게 하는 것이다. 나와 소통하는 연습을 했던 것이 옆 친구에게로 확장되고 전이될 수 있다는 것을 이 아이를 통해서 알 수 있었다.

Episode15.

김밥은 랜덤이에요

"그 반에 진우인가? 진수인가? 그런 학생 있나?"

"네, 진수요? 저희 반 학생이에요."

아침에 복도에서 마주친 교장 선생님이 말을 걸어오셨다.

"나한테 김밥을 주고 가더라고."

"네? 그랬어요?"

"그래서 이름을 물어봤었지."

"저에게도 얼마 전에 가져왔었어요. 자기 나름대로 고마운 마음을 김밥으로 전하더라고요. 아침마다 분식집에서 아침밥 사 먹고 오거든요."

그날, 체육 전담 선생님과 영어 전담 선생님도 김밥 한 줄을 받았다고 한다.

진수, 도현이 그리고 나는 우리 반에서 제일 오랫동안 천천히 밥 먹는 사람들이다. 우리는 점심을 먹고 나면, 1층 급식실 밖 보도블록에서 시간을 보내다 올라간다. 보도블록에는 진수가 바닥에 엎드려 있다. 아이들이 다가가서 물어도 꿈쩍하지 않는다.

"진수야!"

그러다 내가 다가가서 이름을 불러 주면 마구 구르기 시작한다.

"어머나! 진수야, 아픈 거야? 보건실 가자."

내가 그렇게 호들갑을 떨어주면, 내가 부축하는 대로 따라 일어난다.

계단을 올라갈 때면 진수가 총 쏘는 시늉을 하면, 도현이가 현실감 있게 총 맞아 쓰러지는 연기를 한다. 그런 동작으로 4층 교실까지 올라온다.

"빵야빵야!"

"으악, 으악!"

진수는 수업 초반 게으른 편이다. 게으른데 창의력이 높다. 이야기도 잘 만든다. 언젠가는 즉석에서 랩 가사를 만들어 랩을 들려준 적도 있다. 얼마 전에는 학교 방송에 나가서 도현이, 민호, 진수가 아재 개그를 펼치고 오기도 했다. 그런 진수가 방학식 날 검정 봉투를 내밀었다.

"선생님, 랜덤이에요. 맛은 저도 몰라요. 어떤 건지. 제가 여러 가지로 시켜서 가져왔어요. 먼서 하나 고르세요. 그리고 맛있게 드세요."

김밥이 왜 4줄이나 있었는지 뒤늦게 알게 되었다. 나에게 먼저 고르라고 한 뒤, 전담시간에 자기를 가르쳐준 선생님께도 드리고, 교장 선생님께도 드린 것이다. 그날은 겨울방학 전날쯤 되었던 것 같다. 그 전에 나에게 김밥 하나를 내민 적이 두어 번 있었다. 극구 사양했지만, 끝까지 등을 굽히며 두 손으로 전해 주기에 결국 그 김밥을 받아먹었다.

그리고 그런 날은 진수가 다른 날과 달리 수업에 더 집중하는 게 느껴졌다.

"선생님, 오늘은 시간이 빨리 가네요. 감사합니다."

나는 이런 작은 사건을 계기로 진수가 작은 마음도 크게 볼 줄 아는 아이라고 생각하게 되었다. 물론 진수는 여전히 사회적 관계를 맺는 데 어려움을 느끼는 아이이다. 해마다 늘 이런 아이들을 만나기 마련이다. 선생님 입장에서 이해하기 어려운 아이 중 하나일 텐데, 내가 그런 아이를 주의 깊게 관찰하고 이해했을 때, 아이의 수업 태도를 개선하지는 못할지라도 선생님을 곤란하게 할 문제를 일으킬 일은 줄어드는 것을 경험하곤 한다. 실질적으로 내가 이런 학생들과 적절히 소통했기에 학급 경영이 그나마 나았다고 생각한다. 다른 아이들과는 어울리기 힘들어할 때도 담임 선생이 먼저 심리적 유대 관계를 만들어 내는 것이다. 만약 여기에 성공한다면 그 아이가 다른 교과 수업의 선생에게도 긍정적 관계를 갖도록 할 수 있다. 그런 다음에 점차 친구와도 잘 지낼 수 있게 되는 것 같다.

친구들과는 잘 지내지 못하는 아이가 선생에게 심리적으로 유대감을 갖게 되었는지 어떻게 알 수 있을까? 아이마다 매우 개성 있고 독특한 방식으로 그 징후를 보여 준다. 진수의 경우에는 자신이 아침마다 분식집에서 김밥으로 아침 식사를 해결하는데, 선생님에게 아침 식사를 선물로 갖다주는 것으로 그런 징후를 보여 주었다. 어떤 아이는 공주 그림을 그려 와서 내밀기도 하고, 소형 지우개를 건네기도 하는데 이런 행동들이 아이의 마음을 표현한 것이라는 것을 알았다. 이런 경우에는 좀 더 개인적인 이야기를 나눌 수 있게끔 마음이 열려 있다는 신호였다. 내가 이런 아이들과 가까워지는 방법은 그 아이들의 행동을 이해할 수 없고, 지적하고 싶어져도 매 순간 내 감정을 조절하는 모습을 보여주어 아이에게 심리적으로 고통을 주지 않으려 노력한다. 최대한의 권위와 위력을 보이지 않고, 내 감정이나 선생님의 의도를 차분히 설명해주려고 한다. 또 내가 참는 이유와 앞으로도 화를 내는 방식으로 지도하지 않겠다는 다짐을 보여주려고 하는 편이다.

모르겠어요, 눈물이 나요

리코더 수행평가에서 속상해했던 태종이가 결정을 못 하는 모습이 눈에 띄었다.

"태종이는 어떤 주제로 해야 할까?"

그 아이가 잠시 생각하는 모습을 보며 내가 슬며시 제안해 보았다.

"태종이가 늘 열심히 하는데, 또 잘하고, 하는 거마다 잘되었잖아? 그런데 지난번에 리코더 인증제 할 때, 잘 안된다고 속상해서 울었잖아? 더 잘하고 싶어서 그랬지? 그래도 그 정도면 잘한 거고, 결국 인증제는 통과했지? 그러면 실패했을 때 어떻게 하면 좋을지를 연구하면 어떨까? 어떻게 하면 실패했어도 울지 않을 수 있을지 말이야. 그리고 덜 속상하게 되는 방법을 찾아보는 거지."

"네, 좋아요."

태중이가 고개를 끄덕인다.

"자, 그럼 보영이는 어떤 주제로 할까? 선생님이 정해 줄까?"

"저는 있어요."

"뭘까?"

"저는 그림도 잘 그리잖아요? 그런데, 제가 친구들한테 뒷담화를 잘 까여요. 그래서 저는요. 친구들한테 어떻게 하면 뒷담화를 까이지 않을까를 주제로 정하고 싶어요."

"와, 보영이는 자기 주제를 자세하게 잘 정했네. 좋아, 너는 바로 그것으로 써."

이렇게 순식간에 우리 반 모두는 자신의 태도 연구 주제를 정했다.

20줄 이상씩 써서 문제점과 고치고 노력할 점을 스스로 생각해서 글을 썼다.

점심시간에 아이들이 쓴 글이 너무 재미있어서 아이들이 쓴 종이를 들고 읽으면서 점심을 먹었다. 어찌나 글이 귀여운지 점심 식사 중인 두 선생님께 들이밀었다.

"우리 반 아이들 정말 귀여워요. 뒷담화 까이지 않는 법을 이렇게 자세하게 써 놨다니까. 하하."

두 선생님이 나를 빤히 쳐다본다. 헛, 또 우리 반 아이들 자랑을 늘어놓고 있었다.

아이들은 스스로 자신을 돌아보면서 배워 갈 때 더 뿌듯해한다. 그걸 지켜보는 나는 당연히 더 뿌듯했다.

태종이가 애를 먹은 건 리코더의 운지법을 배우고 나서 음악 교과서에 나온 악보를 보며 연주하는 수업이었다. 연습 시간이 몇 주간 있었고, 드디어 수행평가를 하는 날이었다. 대학 입시와 맞물려 있는 중학교와 고등학교에 비해, 초등학교의 수행평가는 대부분 후하게 점수를 주고 있다. 최근 아이들이 눈앞의 성적보다는 성장을 격려하는 수준에서 평가의 기회를 두 번 이상 주도록 지침이 내려오기도 한다. 그리고 실제 아이들은 부모보다는 심각하게 받아들이지 않는 편이다. 오히려 교사가 진지하게 수행평가에 참여하라고 부탁하는 경우도 빈번하다. 아이들 입장에서 음악 리코더 수행평가를 얼마나 심각하게 받아들이겠는가? 그런데 아이 중에도 완벽주의 성향을 지닌 아이들이 있다. 언젠가 리코더 수행평가를 할 때였다. 태종이에게 세 차례 정도 다시 기회를 주었지만 잘 안되자 왈칵 눈물을 쏟았다. 스스로 잘하고 싶은 마음이 강했던지 자기 뜻대로 되지 않자 속상했던 것 같다. 당황한 아이들이 태종이를 위로하기 시작했다. 나는 기회가 더 있으니까 다시 좀 더 연습해서 도전하라고 하며 추가 기회를 더 주었다. 하지만, 이미 터진 눈물은 한동안 계속되었다. 울다 보니, 집중력이 떨어져서인지 첫 평가 결과보다 낮진 않았다.

며칠이 지난 뒤 토론 수업이었다. 모든 아이는 자신에 대한 탐구 주제를 하나씩 정해서 글을 쓰도록 했다. 주제를 정하기 위해 친구의 의견이나 제안을 참고하는 것도 허용하였다. 아이들은 각자 주제를 정했고, 나는 주제 목록을 컴퓨터로 만들어서 아이들이 되도록 겹치지 않고 다양한 주제를 정할 수 있게 교실 모니터로 공개했다. 서로 다른 주제를 탐구하여 발표하게 되면 알게 되는 점이 배가되리라 생각했다. 주제는 자신이 주로 친구 관계에서 반복되는 문제를 다뤄 보도록 제시해주었다.

"자신이 주로 친구 관계에서 반복하는 점이 무엇인가?"

"왜 그런 상황에서 나는 속이 상할까? 이렇게 하면 어떤 점이 좋아지는가?"

"나는 왜 나랑 다른 생각을 하는 친구의 말을 끝까지 들어 주지 않고 화를 낼까?"

이런 질문을 해 보고 자신이 스스로 노력할 점을 찾아보도록 했다. 그 주제는 각자 자신이 찾거나 친구의 의견을 참고해도 못 찾을 때에는 내가 정해 주었다. 내가 정해 줄 때는 그동안 한 명씩 개인 상담으로 이야기했던 내용이나, 토론하거나 의견을 모을 때 살펴보았던 것을 바탕으로 아이와 함께 정했다. 아이들이 인터넷 글이나 영상을 찾아보면서, 나름대로 자신의 태도에 대한 개선점을 스스로 생각해 보고 자신의 글을 쓰도록 했다. 그리고 쓴 글을 발표하게 했다. 인성에 관한 토론을 통해 느낀 점은 아이들이 자신의 문제를 생각보다 잘 알고 있다는 점이다. 오히려 자신의 장점과 재능에 대해 확신이 없어 하는 부분이 있었다. 아이들이 자신의 단점을 이미 알고 있지만, 자신의 장점을 잘 모르고 있다면, 내가 그 장점을 잘 찾아주면 어떨까. 태종이의 수행평가를 통해 나는 내가 생각했던 것보다 아이들 스스로 자신을 성장시키고 서로를 잘 가르칠 수 있을 거란 확신이 들기 시작했다.

아이들과 좋은 관계 맺는 일곱 가지 꿀팁

1. 비유와 이야기를 활용하여 아이를 설득하자.

- 아이가 어느 정도 자신의 잘못을 수긍하기까지 사전 예고를 조금씩 해 주는 것이 좋다. 지금 선생님이 아이들에게 해 주는 이야기가 어쩌면 내 얘기일지도 모른다는 짐작만으로도 신경 써서 행동하게 된다. 3월에 '아이들 관계 지도'에 공을 들이는 것이 좋다.

2. 말은 친절하되, 모든 것을 해 주는 선생이 되지 말자.

- '그래 선생님이 해 줄게.'보다는 '어떡하지? 선생님이 그 문제를 지금 해결해 주기 어렵고, 앞으로도 장담을 못 하겠다. 네가 한번 고민해 보고 더 노력해 볼래?'와 같이 아이가 해결자가 되도록 하는 것이 좋다.

3. 평소에 아이들이 서로 도움을 주고받는 관계가 되게 하자.

- 도움이 필요하면, 선생님이 아닌 친구들의 도움을 요청하는 말을 가르친다. '지우개 좀 빌려줄래?' '자, 여기 있어.' '응, 고마워. 다음에 꼭 은혜를 갚을게.' 이런 대화를 자주 연습시킨다. 그 이유

는 관계의 균형 때문이다. 빌리는 사람은 계속 의존하고, 빌려주는 사람은 언제나 도움을 주기만 하면 주고받는 인간관계의 균형이 깨져서 교실 속 관계 문제를 방치하는 결과를 만든다.

4. 아이들 간의 사소한 감정 문제에 관심을 가지고 해결해줘라.

 - 누군가는 장난치며 즐거운 교실 생활을 하고 있지만, 그 아이 때문에 누군가는 지속적인 정신적 괴로움에 시달린다. 아주 사소한 행위로 인한 괴로움이라고 하더라도 선생님이 그 문제를 함께 고민해 주고 해결해 주려고 한다면 아이는 좀 더 편안한 마음으로 학교에 와서 배우는 데 집중할 수 있게 된다. 혼자에 익숙했던 아이들에게 관계해야 할 사람의 수가 늘어난 것만으로도 고통이 되는 경우가 있다. 마음의 고통이 신체적 통증으로 나타나는 경우도 있기 때문에 사소한 문제도 관심이 있다는 것을 보여 줄 필요가 있다.

5. 아이의 요구가 이기적일 때는 바로 즉시 의문을 제기하라.

 - 누가 보아도 명백한 괴롭힘이 목격되었을 때는 바로 조치를 취하는 것이 좋다. 짧고, 강렬하게 잘못된 행위가 반복되어서는 안 된다는 것을 꼭 알려 주고, 상대 아이에게 사과하도록 해야 한다. 마음의 부채 의식이 없이 친구를 괴롭히고도 당당하다면 지속해

서 관찰하여 추가 지도가 필요하다. 나는 글 싸움 공책 두 권을 만들어서 아이들이 스스로 자신의 행위를 기록히고, 학급 꼬미 상담가에게 조언을 받아 쓰도록 시스템을 만들기도 했다.

6. 훈계한 아이일수록 꼭 선생님의 사랑을 믿을 수 있도록 표현하라.

- 비록 명백하게 누군가를 괴롭히는 학생이라도 그 아이가 선생님의 지시에 따라 피해 학생에게 사과한 것만으로도 이 아이의 마음을 어루만져 줘야 한다. 사랑이 채워진 아이는 사랑을 뿜어내지만, 괴롭힘을 받은 아이는 괴롭힘을 뿜어내기 때문에 이 아이도 안쓰럽다는 생각을 하는 것이 좋다. 특별히, 선생님과 둘이 있을 때, 초콜릿이라도 하나 건네며 따뜻한 미소를 보여 주자.

7. 개인적 관심사와 성격, 진로 고민을 위한 개별상담 시간을 마련하라.

- 아이들이 스스로 문제를 풀어야 하는 시간 등을 활용하여, 선생님과의 일대일 만남의 시간을 마련하자. 특히, 새로운 전학생이 있다면, 전학 온 당일에 학급에 잘 적응할 수 있도록 수호천사팀을 만들어 주변을 둘러싸도록 하자. 학급의 평화를 위해 꼭 필요하다. 아이들이 진심으로 선생님께 스스로 배운 것이 있다고 느끼고 감사함을 갖도록 하자.

PART 3.

아이들을 가르치다
내가 배운다 II

Episode17.

엄마랑 같은 말만 하네요

"왜 밥을 안 먹어?"

"내가 안 먹어야 엄마가 마음이 아플 테니까요."

"안 먹으면 너도 힘들잖아, 그리고 성장기인데 안 먹으면 키도 안 크고……."

"선생님도 엄마하고 똑같아요. 똑같은 말만 하잖아요."

"그럼 선생님이 너보고 먹어야 한다고 해야지, 먹지 말라고 할 수는 없잖아."

"선생님도 엄마하고 같은 말만 하니까 듣기 싫어요."

"꼭 엄마를 힘들게 해야 해?"

"……."

아이는 대답하지 않는다.

밥을 안 먹는 아이가 있었다. 5학년이었다. 몸이 앙상한데도 아침을 늘 안 먹고 왔다. 안 먹어도 그닥이 배고픔을 안 느끼면 괜찮다. 그런데, 한눈에 보아도 힘들어 보인다. 따로 그 아이를 복도로 불러낸다. 주머니에 있는 초코바나 작은 과자 하나를 꺼내 먹인다. 그럼, 그건 받아먹는다. 점심때, 그 아이 엄마가 학교에 찾아왔다. 그때 우리는 교실 급식을 했었다. 그 엄마와 나는 나란히 앉아 이야기를 나누며 급식을 나누어 먹었다. 역시나 먹지 않는 것이 엄마에게도 큰 걱정이었다.

다이어트로 한 끼니만 거르기도 어렵다. 그 아이는 스스로 밥을 안 먹겠다고 결심하고 굶으면서 누군가와 나눌 수 없었던 혼자만의 고민으로 얼마나 힘겹고 외로웠을까? 지금이라면 그런 말을 건네었을 것이다. 왜 밥을 먹을 수 없는지를 묻지 못했던 나는 당시에 그저 교과서를 가르치는 선생님에 머물렀던 것은 아닐까?

나는 이 아이에 대해 고민할 때, 우연히 2학년 때 정보를 듣게 되었다. 이 아이를 가르쳤다는 선생님은 연세가 꽤 있으셨다. 그분은 당시 그 아이가 천진하고 밝고 멋진 아이였다고 기억하셨다.

부모님의 갈등과 이혼이 이 아이의 마음을 힘들게 한 것 같다고 짐작하셨다. 그리고 아이의 이런 변화에 대해 안타까워하셨다. 내가 바라보고 있는 그 아이와 그 선생님이 기억하는 그 아이는 마치 다른 아이처럼 느껴졌다. 현재 내 앞에서 보이는 모습만으로 아이를 판단하고 있었다.

우리는 끊임없이 사고한다. 어떤 상황에 놓였을 때, 아이들도 나름대로 생각이 깊어진다. 그런 생각을 나눌 수 없을 때, 아이들도 깊은 외로움을 느꼈을 것이다. 어떻게 해결하고, 어떻게 행동해야 할지 모르기 때문에 답답한 외로움을 때로는 조금 과하게 표현하고 있는지도 모른다.

당시에 나 역시, 그 아이를 제대로 이해하기 어려웠다. 어쨌든 나는 그 아이와 이야기를 나누어 보았다. 그 아이가 앞으로도 계속 방황기에 머무르는 건 아닐 것이다. 인생을 살아가면서 그 방황기도 언젠가는 멈출 것이다. 무기력한 시간을 충분히 보내고 나면 다시 삶을 힘을 내어 살아갈 것이다. 이 아이를 보면서 나는 선생으로 살아가는 내 삶에서도 그런 사춘기 같은 시기가 있다는 것을 나중에야 깨달았다. 나를 힘들게 하는 아이의 상황도 알겠고, 어떻게 대처하는지도 대략 알겠다. 그런데 도내체가 힘이 나지 않는 것이다. 모든 에너지가 다 빠져나가고 껍데기만 남아버린 듯한 느낌이 그 1년 내내 지속하던 때가 있었다. 무기력했고, 내 삶의 균형을 잃어버렸었다. 그런 해에는 그저 관찰만 하고 지나쳐도 좋다. 멈출 수밖에 없고, 교실을 탈출하고 싶었던 때가 내게도 있었다. 그럴 때는 그저 힘을 빼고 생각을 멈췄다. 생각을 안 하려고 했다. 인생의 롤러코스터를 타듯 선생의 삶이 사업가의 삶만큼 굴곡이 크지는 않겠지만 그 안에도 나름의 굴곡이 있다. 그러니 그럴 때조차 나 자신을 비하하지는 말아야 한다고 스스로 위로할 수밖에. 그저 과정일 뿐이니까. 누구나 인생의 굴곡이 있다. 선생인 나도 그렇지만, 초등학생이면 인생이 참 짧아 보이는데 아이들도 누군가는 나름 힘겹게 롤러코스터를 타고 있을 수 있겠다. 그런 굴곡을 경험하고 나면, 아이들도 교사인 나의 동료 선생님들도 조금 애틋하게 느껴진다.

Episode18.

나가서 찍고 와. 오케이?

"자, 문제가 발생했구나. 살다 보면 그럴 수 있지. 지금 선생님 핸드폰을 줄 거야. 이걸 들고 나가서 문제도 해결하고 촬영도 해 와. 시간은 15분 준다. 날씨도 좋으니까 나가서 찍고 와. 너는 경찰서장님, 너는 촬영 감독님, 너는 기자님, 너는 사건 가해자, 오케이?"

아이들 표정은 갑자기 떨어진 임무를 이해하느라 반짝인다.

"네! 충성!"

갑자기 웬 충성? 하여튼 아이들은 신이 나서 운동장으로 나갔다. 그때, 우리 반 여학생이 한마디 한다.

"선생님, 쟤들 밖에 나가서 놀다 올 거 같아요. 해결도 안 하고요."

여자아이들 몇 명은 미심쩍은 듯 나에게 자신의 걱정을 알려준나.

나는 대답한다.

"아니야, 잘할 거야. 우리는 먼저 공부하고 있자."

인조 잔디가 깔린 운동장 주변에는 벚꽃이 한창 피어 있었다. 1교시를 시작해야 하는데, 아이들 몇 명이 나에게 와서 항의한다. 잠깐 들어 보니, 행운 편지를 카톡이나 문자로 받은 아이들의 항의였다. 그렇다면 그 편지를 보낸 아이는 누구일까? 아이들이 편지를 보낸 아이를 데리고 왔다. 나는 그날 이 갈등을 심각하게 받아들이지 않았다. 그냥 아이들 노는 모습이 귀엽게 느껴졌다. 그래서 위에서 말했듯 미션을 준 것이다. 스스로 해결해 보라고.

정해진 시간이 되자 아이들이 돌아왔다. 나를 체포하러 온 것이다. 왜 나를 체포했을까? 일단 나는 아이들에게 사과부터 했다. 궁금했다. 어쩌다 아이들은 나를 체포하게 된 것일까? 아이들 얼굴을 보니, 즐거워 보인다.

아이들을 가르치다 보면 때때로 어린 시절 상상과 공상을 좋아했던 것이 다행으로 여겨진다. 문제를 해결하기 위해 일어날 일의 전개를 미리 상상해 보고, 갑자기 떠오르는 아이디어가 있으면 바로 실행하는 편이다. 연극 배경 설명만 던져 주면 아이들은 즉흥극을 가르치지 않아도 자연스럽게 해내는 것이 신기했다. 아이들의 놀이 자체가 사실 연극이기도 하니까. 교육학자 비고스키의 스캐폴딩(Scaffolding)도 사실 아이들의 역할극 놀이와 같은 교육 방법이다. 선생이 어떤 대사를 던져 주거나, 상황을 제시하면 아이들이 이야기의 맥락을 가정하고 이야기를 완성해 간다.

경험상 아이들이 문제 상황이라고 가져온 이야기를 교사가 더 큰 문제로 확대할 수도 있고, 축소할 수도 있다는 걸 알게 되었다. 나는 가끔 문제 상황을 즐거운 놀이 상황으로 전환하기 위해 연극을 활용하곤 했다. 즉흥적으로 연극 상황 속에서 역할을 연기하다 보면 어느 순간 아이들의 문제는 이미 문제로 느껴지지 않을 수 있다. 오히려 놀이가 되어버려 아이들은 가상의 역할을 신나게 연기하는 모습을 보였다.

그런데 내가 학교에서 해야 할 일이 쌓여있고, 학교 업무 메신저가 내 쉬는 시간을 모조리 써버릴 때면 내가 아이들의 문제 상황을 전환할 마음의 여유와 여력이 없어진다. 찬찬히 생각해 보면, 여러분이 지금 로또 당첨 문자를 방금 확인했다고 치자. 그때 아이들이 와서 서로 싸웠다며 해결해 달라고 한다면 어떨 것 같은가? 내가 먼저 평온하고 행복한 기분 상태에 있다면 아이들의 부정적인 리듬의 파동에 영향을 적게 받을 뿐만 아니라 더 나아가 아이들에게도 부정적인 리듬을 줄여 줄 수 있게 된다. 왜 아이들이 가져온 기분과 감정만이 100% 영향력을 가져야 하는가? 나는 이런 의문을 가졌기 때문에 이 상황을 전환할 열쇠를 사용할 수 있었다.

내가 이 연극 이야기를 꺼낸 이유는, 때로는 논리적으로만 아이들 관계를 가르치려 하지 않아도 되었다는 나의 경험을 말해 주고 싶어서다. 매우 직관적으로 떠오르는 대로 아이들에게 제시하고 던져 보라는 것이다. 꼭 내가 해결사가 될 필요는 없다. 그저 판을 깔아 주고, 그 판이 돌아가는 상황을 보면서 즉각적으로 생각나는 대로 즐기곤 했는데 돌이켜보면, 바로 그런 점이 내 스스로를 학교에서 즐거운 선생님으로 만들어 주었던 것이다.

저주 편지가 돌고 있다

아이들이 촬영해 온 영상을 열어서 보았다. 영상 속에 재혁이의 모습이 나왔다.

"어젯밤에 이재혁 학생으로부터 글이 올라왔는데요. 행운의 편지를 가장한 저주 편지가 돌고 있다는 소문이 있습니다. 우리 반 누구로부터 첫 출발을 한 것인지 너무너무 궁금한데요. 한번 자세하게 이야기를 들어 보도록 하겠습니다."

학교 화단과 동상 옆에서 아이들이 모여 서 있었다. 재혁이가 아이들 옆으로 다가가서 계속 말했다.

"어, 저주 편지와 행운의 편지가 섞인 카톡이 전해지고 있다고 합니다. 근데 그걸 처음 전해 준 사람은 영문을 모른다는데요. 근데 어떤 성환이라는 친구가 영민이 친구한테 그 편지를 받았다는 소식이 있습니다. 그리고 저는 총감독 이재혁이고요. 김지민 기자 보시겠습니다. 어제 사건은 이렇게 일어난 거죠?"

"네, 안녕하세요? 김지민 기자입니다. 어제께 영민 씨가 친구들한테 저주의 편지를 보냈다고 합니다. 근데 영민 씨는 아니라고 합니다. 영민 씨도 누구한테 받았다고 합니다."

재혁이가 덧붙였다.

"아마도 여기서 한 학생이 영민 씨로부터 받은 것 같습니다. 10통인가 15통인가를 다른 사람에게 보내지 못한다면 엄마가 죽는다든가 그런 내용이 있어요. 10통을 보내면 행운을 받는다는 그런 소리가 있는데요. 김지민 기자가 질문하겠습니다."

처음에 모든 아이들이 문제를 제기하지는 않는다. 그 안에는 누군가 최초의 부정적 반응자가 있기 마련이다. 그리고 그 반응은 나름의 이유가 있기 마련이다. 그 이유에 공감이 된다면 아이들은 단체로 문제를 공론화시킨다. 그럴 때 작은 잘못이라도 문제를 일으킨 아이는 공공의 적이 된다. 이런 일은 아이들 사이에서만이 아니라 어른들의 사회에서도 자주 목격할 수 있다. 이럴 때 어떻게 평화를 되찾을 것인가?

문제는 누군가 보낸 행운의 편지이다. 이름을 가식적으로 잘도 지었다. 언제 적 행운의 편지인가? 무려 40년 전에 나도 그 행운의 편지를 받고 저녁 늦게까지 베껴 써서 다른 친구들한테 보낸 적이 있다. 내용이 주는 두려움 때문이었다.

행운의 편지를 받은 아이들은 내가 다니던 어린 시절보다 더 진화한 방법으로 대응했다. 아이들은 분명하게 항의하고 있었다. 이것은 저주의 편지라고. 맞다. 저주를 가득 담고 있고, 심지어 가족에 대한 저주를 담고 있는 편지를 행운의 편지라는 제목으로 버젓이 퍼 나르다니, 아이들이 기가 찼다. 너도나도 받은 그 편지의 출처가 같은 반 친구였기 때문에 이 문제는 바로 우리 반의 중요한 문제가 되었다. 수업하는 것도 중요하지만, 우선 이 문제를 빨리 해결해야만 했다.

Episode20.

그 친구들도 다시 보내면 되죠

지민이가 영민이에게 마이크를 넘겨주며 말했다.

"혹시 다른 분이 보낸 거 맞습니까? 그러면 영민 씨, 그걸 친구들한테 보낸 겁니까?"

"예."

"왜 보냈습니까?"

"받았으니까."

"우리 반 친구 중에 처음으로 영민이가 다른 곳에서 받았군요. 그렇다면 그냥 친구들도 같이 저주받자는 뜻입니까?"

"예? 그 친구들도 다시 보내면 되죠."

"왜 보냈습니까?"

"말했잖아요."

영민이의 대답은 아이들의 기대를 빗나갔다.

"꼭 친구들하고 같이 저주받자는 뜻 같습니다."

답답해진 아이들은 다시 다른 말로 풀어서 다그친다.

"다른 사람들한테도 보냈어요."

"저희 친구들 말고 다른 사람들한테도 보냈단 말씀입니까?"

"예."

"근데 친구들은 그걸 싫어하는 것 같습니다. 그걸 어떻게 생각합니까?"

"음, 싫어하는 거면 내가 잘못했죠."

"그럼, 여기서 사과 인사를 한번 해 주십시오."

"얘들아, 저주의 편지를 보내서 미안해."

"네, 이상입니다."

아이들의 성화와 달리 매우 차분하게 별일 아닌 듯 대답하는 영민이는 무슨 생각이었을까? 영민이는 다른 아이들이 놀면서 장난치듯이 행운의 편지가 대단히 나쁜 일이 아니라고 생각하고 있다. 그냥 아이들이랑 논다고 생각하고 자신이 썼던 행운의 편지를 다른 아이들도 재미로 보내 주기를 바랐을 수 있다. 물론 이것은 짐작일 뿐이다. 그런데 아이들이 선생님에게 자신을 그냥 이르기만 했다면 좀 억울한 마음이 들었을 것이다. 다른 아이들이 자신에게 부당하게 한 일도 많은데, 자신이 한 일만 더 나쁘게 받아들여졌다고 생각할 수 있다.

연극 과정에서 아이들이 호들갑스럽게 여러 차례 질문하고 반응하는 모습을 보면서 두 가지가 해소되지 않았을지 생각해 본다. 하나는 아이들이 자기 생각과 달리 행운의 편지가 내용 때문에 충분히 저주의 편지로 받아들여지고 있다는 것을 이해하게 된 점이다. 그리고 그 과정에서 자신을 중심에 두고 연극을 해주는 친구들이 결국 자신이 원했던 친구들과의 놀이 욕구를 조금은 해소해주었기 때문에 마음의 억울함은 어느새 희석되었을 것이다.

세상을 혼자 살아가는 사람은 거의 없다. '김씨 표류기'라는 영화를 보고 나는 매우 두려움을 느꼈었다. 지금의 세상은 서울 한강 한 가운데 섬에 표류해서 자신의 무력함을 단박에 깨닫게 되는 주인공 '김씨'처럼 혼자서 입고, 먹고, 사는 문제를 해결하는 것은 거의 불가능에 가깝다. 내가 아침에 음식을 할 때 누군가 기른 쌀로 밥을 한다. 누군가 만든 옷으로 갈아입고, 누군가 지은 집에서 살아간다. 그 안에서 필연적으로 다른 사람과 관계있는 삶을 살아간다. 그 하나하나의 관계는 기쁨을 주기도 하고 슬픔을 주기도 한다.

관계가 감정을 만드는 재료이다. 선생이 되어 아이들을 가르치면서 교과서 내용만을 가르칠 수는 없다는 게 내 교육적 신념이다. 아이와 관계된 상황에서 교사는 가치 판단을 해야 하고 그 영향을 서로 주고받게 된다. 결국 아이에게 나 자신이 '삶'의 교과서가 될 수 있다. 이러한 아이들과 주고받는 말과 행동이 쌓이면서 내가 실력 있는 선생으로 나아가게 된다. 우리가 책을 읽고, 여행을 하는 이유는 새로운 경험을 체험하기 위해서라고 한다. 그런데 나는 선생의 삶 자체가 이미 나에게는 다채로운 체험이었다고 생각한다. 여행지에서 새로운 것을 보고, 먹고, 자는 것 이외에 얼마나 대단한 체험이 있었던가? 다양한 사고방식과 성향을 지닌 아이들과의 만남이 27년간의 내 삶의 많은 부분을 차지하고 있다. 나는 교실에서 매일 성공하는 선생이 되었을 때, 아이와의 만남을 세계여행 정도로 매우 재미있고 즐거운 체험이었다고 생각해보기도 했다.

Episode21.

분리수거장 감옥

"삐요, 삐요."

"네, 지금은 장명 경찰서로 가는 도중입니다. 저기 장명 경찰서가 보이네요. 여기는 장명 경찰서 이재혁 소장님을 모시겠습니다. 나와 주세요."

아이들이 카네이션 꽃이 달린 볼펜을 마이크 삼아 인터뷰를 하고 있다.

"안녕하십니까? 저는 장명 경찰서의 이재혁 소장입니다. 자, 오늘 사건은 김영민 씨라는 분이 어떤 한 문자 메시지를 받았습니다. 그건 카톡으로부터 시작했습니다. 어, 우정 메시지라기보다는 저주 메시지, 2년 저주 메시지와 행운의 메시지를 섞은 그런 카톡이 있었다고 하는데요. 그게 지금 영민 씨로부터 계속 전해져서 이 학교까지 왔다고 합니다. 지금 우리 경찰서는 이 일을 해결하기 위해서 김영민 씨를 찾아왔습니다."

"네, 그러면 김영민 씨는 어떤 벌을 받게 되나요?"

"일단 죄가 많으니 감옥으로 가도록 하겠습니다."

"어디입니까?"

"바로 여기 분리수거장 감옥입니다."

망설임도 없이 재치 있게 한 곳을 가리킨다.

실제 그곳은 예전에 동물 사육장으로 쓰였는데, 여러 칸으로 나누어져 초록 철망 문이 달린 곳이다. 현재는 사육을 하고 있지 않아서 분리수거장으로 활용하고 있으며, 아예 빈공간도 있다. 토끼, 닭을 키우던 곳이라 매우 넓은 공간으로 분리되어 있었다.

"무시무시하죠. 일단, 하루 동안 여기에서 지낸 다음에 자기 자신의 죄를 인정하시면, 그리고 그 사람들에게 영상 편지를 보내시면, 영민 씨는 감옥에서 풀려날 것입니다. 1년이 지났습니다. 이제 나오세요."

아이들은 감정의 리듬이 다르다. 당연히 그렇다. 그 감정의 리듬이 '화'로 가고 있을 때, 나는 새로운 돌을 던진다. 그 감정의 리듬이 '신남'으로 바뀌게 하는 것이다. 그 상황과 그 감정에만 빠져 있다면 '화'가 쉽게 가라앉지 않는다. 사건을 놀이로 바꿔 버리면

의외로 아이들답게 신선하게 풀어낸다.

아이들이 놀이에서 맡은 역할에 몰입하게 되면 즉흥적으로 기발한 생각을 만들어 낸다. 한 아이의 새로운 생각은 금세 다른 아이들에게 이어진다. 또 다른 생각을 덧붙여 가며 상황을 만들어낸다. 그러다 보면 자연스럽게 누구나 수긍하게 되는 해결 지점에 다다르게 된다. 이런 경험을 한번 하고 나면 이와 비슷한 문제 상황이 발생하더라도 그 전처럼 예민하거나 심각하게 받아들이지 않게 된다. 마음의 여유를 가지고 대화할 수 있게 되는 것이다. 왜냐하면 한 번 경험해 보았으니까. 놀이처럼 연극을 즐기다 보면 어느새 최초의 감정이 해소될 수 있다는 것을 경험했기 때문이다. 함께 생각을 나누고, 해결하다 보면 대단한 문제라고 생각했던 것도 별거 아니라고 생각할 수 있게 된다. 실제 상황에서 벗어나 새로운 해결 방법을 떠올리는 데 생각을 집중할 수 있게 된다.

선생인 나 자신이 행복하지 않고, 학교에 출근하면서 무거운 마음의 짐을 지고 있다면 누군가를 지켜 주고 행복하게 만들기 어렵겠지. 나는 아이들에게 아침에 이런 이야기를 자주 한다. 오늘 아침에 학교에 오면서 느꼈던 안 좋았던 기억과 기분, 감정은 하늘을 날아가는 새에게 잠시 넘겨주라고. 자신의 감정을 변화시키는 것은 훈련과 연습이 필요하다. 지속해서 부정적 감정에 휩싸인 사람을 변화시키는 것은 매우 어렵다. 하지만 스스로가 긍정적 감정으로 변화하는 연습을 하게 된다면 누군가 다른 사람도 훨씬 잘 도움을 줄 것이다. 그리고 그때서야 그 도움이 실제로 좋은 관계를 만드는 데 영향을 줄 것이다.

Episode22.

서주 편지를 절대로 보내지 않을게

분리수거함 건물에는 '장명보물창고'라는 간판이 붙어 있다.

"네, 여기는 '캔류'라는 표, 초록 철문의 캔류 감옥입니다. 여기는 가장 곤혹스러운 방이죠."

"네, 맞습니다."

누군가 '장명보물창고'를 '곤혹스러운 감옥'이라고 설명하며 자신이 그 장소에 의미를 부여한다. 그러면 옆에서 마치 원래부터 모두가 그렇게 생각했던 것처럼 맞장구를 쳐 준다.

사실 아이들은 얼마든지 이렇게 유연하게 서로를 대할 수 있었다. 그저 그렇게 하지 않았던 것이고, 그럴 마음의 여유가 없었을 뿐이었다.

누군가 그때 다음 단계로 갈 수 있는 말을 던져 주었다.

"잘못을 뉘우쳤다면 '살려 주세요'라고 말해 주십시오"

그러자 영민이가 이제는 기다렸다는 듯이 대답한다.

"살려 주세요!"

지금까지의 과정에서 아이들의 발언을 지켜보며 어느 정도 다른 아이들의 입장이 이해되었기 때문에 대답을 망설이지 않은 듯했다.

영민이에게 듣고 싶었던 대답을 들은 아이들은 다시 바로 응답해 주었다.

"드디어 '살려 주세요.'를 합니다."

아이들이 영민이 앞으로 일어나 달려갔다.

그리고 3분 정도의 잠깐의 시간이었지만, 마치 연극 속 시간 설정처럼 긴 시간이었다고 말하고 싶었나 보다.

"1년이라는 시간이 흘렀습니다. 지민이가 걸어 두었던 볼펜을 빼고 있습니다. 자신의 죄를 뉘우치는 데 많은 시간이 필요했던 것 같습니다. 네, 열어 봅시다."

지민이가 영민이에게 자물쇠로 사용했던 볼펜을 내밀며 인터뷰했다.

"자신의 죄를 인정하십니까?"

"예."

"그러면 영상 편지 길게 듣고 마치도록 하겠습니다."

굳이 '길게' 듣고 싶었던 아이들은 이 말을 넣었지만, 영민이는 장황하게 말하지 않았다.

"저주 편지를 보내서 미안해. 앞으로 저주 편지를 절대로 보내지 않을게."

짤막한 말이었지만, 처음에 자신의 잘못이 대단한 것도 아니라는 입장은 크게 바뀐 듯했다.

"이상 대표 기자 김지민 씨와 경찰서 서장 이재혁, 여기 범죄를 저지른 초등학생 김영민 씨였습니다. 카메라 감독 최성환이었습니다. 감사합니다."

바로 이 장면에서 영상이 끝나는 듯했다. 그러나 끝이 아니었다. 이어서 다른 영상이 하나 더 찍혔다.

"자, 1편을 찍었던 경찰서장 이재혁입니다. 김영민 씨가 풀려났는데요. 자, 일단 이 김영민 씨를 제자로 키우신 분, 정수기 씨가 있습니다. 자, 그분을 체포하러 가려고 합니다. 그분을 체포할 경찰님은 저보다 한 칸 아래인 분인데요. 대표 기자 김지민입니다."

아마도 '한 칸 아래'라는 표현은 직급을 표현한 것이 아닐까 싶다.

누군가 아는 사람이 많아지면 관계 갈등도 많아지게 마련인데,

교실에서 갈등 상황은 언제고 일어날 수 있다. 선생이 개입하고 적극적으로 지도하려면 때로는 분명하게 지적해 주어야 할 때도 있다. 이런 상황에서도 나는 되도록 아이의 장점을 말해 주고, 고쳐야 할 점을 말해 주면서 원만한 관계를 유지하려고 한다.

아이들끼리도 이런 방법은 도움이 된다. 상대에게 어떤 요구를 하거나 변화를 바랄 때는 먼저 장점을 말해서 긍정적 분위기를 만들어 놓은 다음에 하는 것이다. 평소에 이렇게 대화하도록 하면 서로 무안하지 않게 지적이나 조언을 받아들이는 분위기가 만들어진다는 생각이 들어서 나부터 혼을 낼 때도 장점과 잘하고 있는 점을 먼저 꺼내려고 노력한다. 아직도 어려울 때가 있지만, 말하는 순서와 비유법을 활용한 표현 방법 등을 지속해서 개선해 가고 있다.

Episode23.
선생님을 체포합니다

저주의 편지 사건을 파헤치던 아이들의 영상 촬영의 마지막이 있다. 아이들은 저주 편지를 보낸 친구를 분리수거함 감옥에 가둔 것으로 끝내지 않았다. 영화에서 쿠키 영상이 있듯이 번외로 아이들이 보너스 촬영을 하러 나에게 왔다.

"안녕하세요."

"자, 일단 제가 경찰서장이고요. 일단 올라가서 찍도록 하겠습니다. 자, 출동하러 갑니다. 네, 정수기 씨를 체포하세요. 범죄를 저지른 김영민 씨를 제자로 키우신 정수기 선생님을 체포하겠습니다. 자, 가시죠."

"네, 저는 정수기 선생님입니다. 저도 변론을 할 기회를 주셔야 하지 않겠습니까?"

"자, 무엇을 잘못하신 것 같습니까?"

"아, 그러니까 제가 노력은 하고 있지만 무엇을 잘못했는지 모르겠습니다."

"왜 그분을 제자로 키우셨죠?"

"정말 죄송합니다. 제가 이렇게 될지 몰랐어요. 좀 봐주시면 제가 노력하겠습니다. 시간을 주세요."

"자, 그래도 자기 죄를 인정하시는군요. 감옥에 넣진 않겠습니다."

"네, 정말 감사합니다."

즉흥 영상 촬영이 이렇게 마무리되자, 아이들이 영상을 보며 손을 흔들고, "안녕" 하며 모두 웃었다.

내가 이 문제를 심각한 문제로 받아들이고 풀었다면 어떻게 되었을까? 오늘의 즉흥 영상 촬영 아이디어는 매우 훌륭했다고 스스로를 칭찬했다. 여러분도 늘 해결하지 못한 문제 하나 때문에 자신의 수많은 성공 경험을 놓치지 않길 바란다. 작은 성공에도 스스로 기뻐하길 바란다.

자신이 가진 장점을 새롭게 발견하고 알고 있다면 다른 사람의 장점에도 기뻐해 줄 수 있을 것이다. 내가 맡은 반 아이들은 늘 나를 돕고 싶어 했다. 언제든 내가 원하면 무엇이든 할 태세를 지닌 아이들이 많았다. 그 이유는 무엇일까?

아이들이 교실에서 각자 뭔가를 성취할 수 있게 해 주었다. 그러면 아이들은 기뻐할 것이다. 그 아이들은 자기가 중요한 사람이라는 느낌이 들 수 있다. 이렇게 아이들이 스스로 중요하다는 느낌을 들도록 만들어라. 나는 이런 방법으로 수많은 아이에게 자존감을 느끼게 했다. 처음에는 일부러 그 아이를 관찰해서 장점을 찾으려고 했다. 지금은 어디에서건 바로 찾아서 말해 준다. 그러면 그 아이들은 나와 함께 있다는 사실만으로 기뻐한다. 그러다 보면 나도 그 효과를 알기 때문에 칭찬할 수밖에 없다. 아이들이 나와 함께 있고 싶어 하는 이유는 그거다. 내가 그들이 중요하다는 느낌을 채워주기 때문이다. 만약 자존감에 상처를 주는 사람을 만나게 된다면 그 사람이 아무리 훌륭하다고 해도 다시 만나고 싶어 하지 않는다. 아이를 야단치게 될 상황이 오기 전에 미리 칭찬하라. 내가 그 아이를 중요한 존재라고 생각한다는 것을 느끼게 해 준다면 그 아이는 내가 좋은 선생이라는 것을 입증해 주고, 따르고 싶어 한다. 부모가 자녀를 대할 때도 이 원리는 똑같다.

아이들의 자존감을 키워 주면 선생이 과제를 냈을 때 안 되더라도 흉내라도 내려고 한다. 이왕이면 잘하고 싶어 한다. 반대로 선생이 아이에게 화를 자주 낸다면 아이는 열심히 해야겠다는 생각이 들지 않는 것 같다.

Episode24.

저 혼자 한 거니까 저만 혼내세요

학교를 옮기게 되었다. 여기저기 옮겨 다닐 때마다 짐이 늘어난다. 그동안 근무했던 학교에 쌓인 짐도 챙기고, 청소도 하러 들렀다. 그날 전화가 왔다.

"선생님, 저 석인데요, 선생님 어디에요?"

"지금 학교인데? 왜?"

"네, 저 용치랑 같이 갈게요."

"선생님, 지금 짐 싸는 중이야."

"무슨 짐이요?"

"옮길 학교 결정돼서 짐 옮겨야 해. 그리고 청소도 하려고."

"청소 저희가 가서 할게요."

"알았어."

교실을 정리하고 있는데, 더 훌쩍 자란 용치와 석이가 왔다.

같이 청소도 하고 차에 짐도 실었다.

그러다 중학교 가서 어떻게 지내고 있는지 여러 이야기를 나누었다.

석이가 먼저 지난 이야기를 꺼낸다.

말도 꺼내기 전에 용치를 보며 놀리듯 웃음 먼저 터트린다.

"아, 참! 선생님 있잖아요? 얘, 용치요. 예전에 선생님한테 한번 억울하게 맞은 적 있어요."

"뭐? 그럴 리가 있어?"

"진짜예요. 맞지, 용치야?"

용치도 눈을 크게 뜨고 말한다.

"네, 맞아요. 그때 억울하게 맞았어요."

"그래? 그렇게 억울하면 네가 말을 안 했겠냐? 그치?"

"아니거든요! 제가요. 그냥 맞은 거예요."

"아니, 왜 그냥 맞냐? 억울하면 억울하다고 해야 할 거 아냐?"

"아, 말하려고 했는데 선생님이 변명하면 더 혼낼 거라고 했잖아요?"

나는 흠칫했다. 내가 정말 그랬을까? 이런 나쁜 선생님이 어딨냐?

"아니, 너도 그렇다. 그런 선생님이 뭐가 좋다고 와서 청소도 해 주고, 짐도 날라 주냐? 이런 말 할 거면 아예 오질 말든가. 왔으면 그런 말을 하지 말든가. 응?"

사실 미안한 마음이 앞섰다. 괜히 미안한 마음을 달리 표현하지 못하고 오히려 따졌다. 석이는 키득키득 웃고, 용치는 좋지는 않지만, 나쁘지도 않다는 듯한 표정이다.

그러고 돌아보니, 그 해가 생각난다. 그 해에도 많은 일이 있었다.

펑펑 눈 내리던 날 나는 레스토랑에서 친구를 만나고 있었다. 전화가 울렸다.

"선생님, 저 석인데요. 빨리 나와요."

"야, 선생님 지금 못 나가. 집이 아니고, 밖에 나와서 누구 만나고 있어."

"아, 왜 그래요. 집에 계시잖아요. 눈이 엄청 많이 왔다니까요. 빨리 나와요. 눈사람 만들게요. 안 오시면 후회할 거예요."

나 참, 지금 같이 눈사람 만들자고 불러내는 건가? 우리 집은 학교 후문 바로 옆이고, 아파트 1층이었다. 가끔 아이들과 아파트 공원에서 이야기를 나누기도 하고, 전화해서 만나기도 하곤 했다.

또 그 해 스승의 날도 잊지 못할 추억이 되었다. 당시에 우리는 교육청과 교육부에서 그 어떤 꽃이나 선물도 받지 말라는 교육을 받았다. 그래서 나도 미리 아이들에게 엄포를 놓았다. 아무것도 가져오면 안 된다. 딱 거기까지만 표현하면 되는데, 늘 좀 더 강력하게 말해야 한다고 생각했던 것 같다. 그래야 말을 들을 거라는 생각에 사로잡혀 있던 때였다.

"선생님한테 아무것도 가져오지 마라. 꽃도 안 된다. 케이크도 안 되고. 너희들 만약에 뭘 가져오면 선생님이 손바닥을 세게 때려 줄 거야. 진짜야. 알았지? 지난번에도 때린다고 하고 진짜 때렸지?"

늘 안 때려야겠다고 신학기에 다짐하고도 이때까지도 매를 들었었나 보다. 지금 생각해도 부끄럽다.

5월 15일이 되었다.

교실에 들어선 순간, 아이들이 조용했다. 어느 때보다 바르게 앉아 있었다. 나는 아이들을 한번 둘러보며 걸어 들어갔다. 교탁에 케이크가 있었다. 초코파이를 껍질을 벗겨서 쌓아 올린 것이다. 나는 그것이 아이들 마음임을 안다. 그래도 마음과 달리 이렇게 말했다.

"누구야? 선생님 말씀 안 들은 사람들?"

"선생님, 제가 그랬어요. 저 혼자 한 거니까 저만 혼내세요."

석이가 벌떡 일어서서 씩씩하게노 말했다.

"그래, 일단 초코파이 하나씩 나눠 먹어라."

분위기가 풀린 듯하니, 서로 이야기를 나누었다.

"사실은 선생님, 어제 우리 회장 부회장이 서로 전화로 어떻게 할까 봐 계속 얘기하고 고민했어요. 근데, 석이가 자기가 알아서 할 테니 하자는 거예요. 선생님이 때리면 자기가 맞겠대요. 그래서 그 말 믿고 그냥 하기로 했어요."

참, 그 기억을 되짚어 보니 용치가 억울하게 맞았다는 것도 충분히 가능했겠네. 이런 꽃같이 아름다운 마음에 때린다는 협박이나 하는 선생님이었구나. 나는 그런 반성하는 마음이 들었다. 평소에 나는 점심시간이라도 아이들과 떠들고 웃으며 같이 어울렸지만, 용치의 말을 듣고 보니, 내가 의도하지 않게 아이들에게 상처를 줄 수도 있겠다는 가능성을 받아들이게 되었다. 더구나 아이를 때린 것은 두고두고 내가 부끄러워해야 할 일이다. 당시에 체벌이 금지되지는 않았지만, 체벌하는 교사는 되지 말아야겠다고 늘 다짐하면서도 스스로 무너진 적이 있다. 나의 교직 생활을 돌아볼 때 늘 후회되고 부끄러운 부분이다.

정수기 선생님, 잔소리만 나온다

어느 날 우리 반 엄마들이 복도에서 웃는 소리가 들렸다.

시골 작은 학교 복도에 걸린 우리 반 동시 액자 때문이었다.

"아이고, 선생님 이름 가지고 동시를 썼네, 너무 웃기네요. 호호."

<잔소리 정수기> -용진, 성환

정수기

정수기

정수기는 우리 선생님 이름

정수기 선생님

나오라는 물은 안 나오고

잔소리만 나온다.

이 동시를 쓴 용진이는 내가 4학년 담임이 되었을 때, 공부 태도도 좋지 않고 성적도 좋지 않았다. 매우 낮은 점수였다. 이 아이에게 나는 공부를 해야 하는 이유도 생각해 보라며 압박도 했다가 함께 놀아도 주며 가까워졌다. 그리고 그 아이가 한글 받침 글자를 전혀 모른다는 것을 알게 되었다. 여러 아이를 가르치다 보면 놓칠 수도 있다. 원래 받침 글자는 서서히 완성되기도 하므로 학습에 큰 지장은 없으면 별도로 가르치지 않고 수업 시간에 자주 읽어 주면서 서서히 나아지도록 하는 편이다. 만약에 받침이 없는 글자를 모두 읽을 줄 안다면 말이다. 그런데 용진이는 받침 글자를 조금 헷갈리는 정도가 아니라 아예 쓰질 못했다.

과학 시간에 내가 우연히 칠판에 쓰지 않고 말로 수업하면서, 공책에 받아 적으라고 했다. 용진이는 내가 불러 준 네 글자를 이렇게 써 놓았다. '수펴자기'.

"용진아, 수펴자기가 뭐야?"

"네?"

"뭘 쓴 거지?"

과학책에 나온 글자라면 그렇다. 바로 '수평 잡기'였다. 이건 받침 글자를 조금 모르는 정도가 아니었다. 아예 쓰질 못했다. 얼마나 그동안 답답했을까? 아이의 입장을 헤아려 보았다. 그리고 그때부터 매일 수업 시간에 어려운 내용을 지도할 때면 그 아이에게 별도로 한글 지도를 했다.

"할머니, 용진이가 한글 받침을 잘 모르네요. 제가 수업 시간에 다른 건 조금 천천히 가르치고, 한글 받침 글자 먼저 가르치려고 해요. 그러니까 다른 부분 조금 덜 배우게 되어도 이해해 주세요."

"네, 그래요. 선생님, 고맙습니다."

보호자인 할머니와 먼저 통화하고 이해를 구했다. 그렇게 지도한 지 한 달이 넘었다. 아마도 5월쯤 되었을까? 돌아가며 읽기를 시켜 보아도 제법 잘 읽었다. 드디어 받침 글자를 읽는 원리를 깨쳤다. 한글을 깨치고 나니 과학 성적이 100점 가까이 나왔다. 다른 아이들이 깜짝 놀랐었다. 이 아이는 과학 수업의 내용을 이해할 수 있는 사고력을 갖췄지만 한글 받침 글자를 전혀 알지 못해서 성적이 나오지 않았던 것이다.

잔소리 정수기라고 동시를 썼지만, 용진이는 이미 내 편이었다. 직접 고맙다는 말은 하지 않았지만, 반항하지 않고 공부도 열심히 하고 나를 잘 따랐다. 왜냐하면 성적이 높게 나왔을 때 나는 용진이의 노력과 실력을 아이들 앞에서 대단히 칭찬했기 때문이다. 과장된 기쁨을 충분히 표현해 주었다. 선생이란 이런 일을 할 수 있는 직업이다. 내가 아이를 칭찬할 때 나는 나 자신이 더 충만해진다고 느낀다. 선생이 된 이상 아이와의 소통을 즐겨보길 바란다. 적극적으로 이끌어 주는 선생, 궁금한 것을 잘 깨우쳐 주는 선생, 자신이 중요하다는 것을 느끼게 해 주는 선생이 아이에게는 매력 있는 선생일 것이다.

나는 학습 습관이 좋지 않은 교실의 아웃사이더 학생과 많은 이야기를 나누는 편이다. 어떤 때는 꼭 말이 아니라도 손짓이나 유머, 미소 등 다양한 비언어적 신호를 주고받는다. 그렇지만 우리는 서로 다른 입장에 서 있다. 가르치려는 자와 안 배우려는 자의 갈등이 수시로 일어난다. 그러다 보면 그 아이가 안 배우려는 이유를 발견하게 된다. 그 아이가 내가 잘 이해하도록 자신을 설명할 수 있다면 얼마나 좋겠는가? 대체로 선생인 내가 먼저 마음을 열고 발견해나가는 수밖에 없다.

Episode26.

솔직하게 표현하는 게
진짜 힘들었어요

남자아이들이 자꾸만 종이 상자와 테이프로 총을 만들고, 쉬는 시간에 총싸움 놀이를 하는 것을 보았다.

"너희들 그렇게 전쟁놀이가 재밌냐? 그럼 오늘 사회 시간에 역사 공부 잘하면 다음 주 이 시간엔 운동장에서 전쟁 영화 촬영하는 건 어때?"

나의 제안에 아이들은 분리수거함에서 상자를 모으기 시작했다. 집에 있는 소장품도 들고 와서 교실 뒤편에 차곡차곡 모아 두고 뿌듯해하며 지냈다. 공부를 열심히 하는 모습을 보여야 내가 더 재밌게 판을 깔아 줄 것을 알기 때문에 다른 때보다 수업 태도도 좋아졌다.

운동장에서 누군가는 감독, 나머지 아이들은 역할을 나눠서 전쟁 영화를 촬영하기 시작했다. 역시나 전쟁 영화를 찍으면서도 공격하는 아이가 딩하는 아이에게 윽박시르며 화를 내기 시작했다. 자기 뜻대로 안 되다 보니 화를 낸 것이다. 그 순간은 상황을 멈추고 별 얘기 없이 교실로 아이들을 데리고 돌아왔다. 그리고 늘 당하던 아이를 몰래 복도로 불러내었다.

"너 말이야. 선생님이 옆에서 편들어줄 테니까, 그 아이에게 화낼 만한 상황이 만들어지면 바로 짜증 내면서 큰소리로 먼저 막 뭐라고 해 봐. 알겠어? 지금 교실에 들어가서 같이 보드게임을 해. 같은 편이 되어서 하다가 걔가 실수했다, 그러면 바로 짜증을 부려. 진짜 화났다는 것을 보여 줘야 해. 평소처럼 웃어 주면 안 돼. 알았지?"

그 아이는 한 달 동안 연극에서 해 본 역할 덕분인지 용기를 내어 고개를 끄덕였다. 그런 아이를 바라보며 나는 속으로 생각했다.

'바로 이때야. 이 아이는 준비가 되었다. 이제 거꾸로 잘 공격해라. 그래야 내년에 내가 없어도 네가 그 친구랑 큰 문제 없이 지낼 수 있을 테니까.'

교실로 돌아가서 나는 책상에서 업무를 보면서 귀는 아이들 노는 곳에 집중했다.

한참 게임을 하더니 갑자기 이 아이가 짜증을 냈다.

"아, 이게 뭐야! 이렇게 하면 어떡해. 너 진짜 이렇게밖에 못 하냐?"

이 아이가 화낸 모습을 거의 본 적이 없었으니, 상대 아이는 순간 당황한 눈치였다. 늘 자신이 공격하면 당하기만 하던 아이가 화낼 거라고는 생각을 못 했던 것 같다. 그 상대 아이는 갑자기 나에게 큰 소리로 일렀다. 평소에 아이들에게 잘 지내라고 하는 선생님의 말씀이 떠올라서 순간 나를 이용해서라도 그 친구를 제압하려는 몸에 밴 전략적 행동일 수도 있다.

"야, 뭘 그렇게 화내? 선생님 얘가 짜증 내는데요?"

평소에는 자기를 통제하고 가르치던 선생님이 교과서적인 이야기로 자기편을 들어줄 거라는 계산이 있었을 것이다. 그러나 나는 바로 그 아이가 아닌, 자기에게 짜증을 낸 아이 편을 들어주었다.

"뭐, 네가 잘못했나 보지. 걔가 웬만하면 그러냐? 네가 잘못했으면 네가 미안하다고 해. 네가 뭐라고 할 때는 걔가 맨날 사과했잖아. 빨리!"

평소와 달리 나도 사과를 재촉하며 단호하고 재빠르게 밀어붙였다. 너무 순식간에 그런 상황에 놓이니까 자기도 어쩔 수 없었는지 바로 태도를 바꿨다.

"그래, 미안해. 나도 잘해 보려고 했는데 그렇게 됐어. 알았어. 미안."

그렇게 상황이 종료되었고, 잠시 뒤에 아이들 쪽을 바라보다 짜증 냈던 아이와 눈이 마주쳤다. 나는 그 아이를 보며 눈으로 찡긋 눈짓했다. 그 아이의 눈빛이 반짝 빛나며 나에게 작은 표정으로 화답했다.

좋은 관계는 소통이 잘되는 관계이다. 잘된 소통은 서로의 생각이 물 흐르듯이 전달되는 것이다. 한 교실에서 모든 아이가 잘 소통하기는 어렵다. 그럴 때 좋은 방법은 소통이 안 되는 관계라면 서로 마음으로 관심을 거두는 심리적 거리 두기를 지키면 문제는 없다. 그런데 보통은 그런 상황에서 당황하고 위축되면서 상처 받게 된다. 혼자서 잘 지내는 아이라도 다른 아이들과 가까워지면서 이런 불편하고 괴로운 상황에 부닥칠 수 있다. 상처받지 않기 위해서 소통이 안 되는 친구를 만나면 어떻게 대응해야 하는지 알아야 한다. 나는 자신을 힘들게 하는 친구가 심리적 방어선을 넘어오는 것을 방치하지 말라고 이야기해준다. 관계에 대한 통찰력

과 대응책을 가지게 되면 즐거운 교실 생활을 할 수 있다. 아이들
도, 선생인 나도.

우리 반 기초학력을 단단히 다지는
다섯 가지 꿀팁

1. 학습 내용에도 필수와 선택이 있다는 것을 가르치자.

- 이 단원에서는 이것은 꼭 알아야 한다는 것을 짚어 주자. 그리고 단원이 끝날 때까지 반복해서 익히도록 돕는다. 그러면 선택 사항은 어떤 것인가? 평균 70점을 넘어서는 수준의 문제들이다. 이런 문제를 못 푼다고 해서 포기할 필요는 없다는 것을 알려 주자. 나의 경우에도 초등학교 다닐 때는 평균 70점을 조금 넘었을 뿐이지만, 포기하지 않고 공부하다 보니, 대학원 과정까지 공부하게 되었다는 것을 말해 주었다.

2. 아이들이 좌절하지 않도록 용기를 주기 위해 사용하는 표현을 만들어 놓자.

- '얘들아, 지금 함께 풀어 본 이 문제를 아는 사람 손들어보세요.' '좋아요. 그러면 알 듯 말 듯 한 사람 손들어 보세요.' 아이들이 '전혀 모른다'는 표현은 스스로 인정하고 싶지 않지만, '알 듯 말 듯'이라고 표현하면 망설이거나 주저하던 아이들도 조금 용기 내어 손을 들 수 있다. 아이들이 어느 정도 이해했는지를 알아야 설명

의 방법을 바꾸거나, 반복하여 알려 줄 수 있기 때문에 꼭 이렇게
묻고 넘어간다.

3. 이전 학년에서 배운 내용을 잘 모를 때 현재의 수업 내용이 아닌 작년의 배움을 보충할 수 있게 배려한다.

- 사실 구구단이 능숙하지 않으면 3학년 1학기에 배우는 나눗셈
을 어려워한다. 그러면 아이들은 '나눗셈'을 잘 모른다고 생각한
다. 하지만 그렇지 않다. 3학년 1학기의 나눗셈은 곱셈 구구의 수
준에서만 다루고 있기 때문에 구구단을 알면 바로 풀 수 있기 때
문이다. 나는 수업 시간에 구구단이 부족한 '구구단 유학생'이라
고 해서 별도의 모둠을 만들어서 모르는 나눗셈을 공부할 필요가
없이 구구단을 먼저 능숙하게 연습할 시간을 갖게 해 준다. 한마
디로 한 교실 두 가지 수업인 셈이다.

4. 교과서가 너무 쉬운 아이에게는 다른 친구에게 설명할 기회를 늘려 준다.

- 아이들 학습차이는 3학년부터 급속도로 벌어지는 것 같다. 예
전에는 5학년이 갈림 턱이라고 생각했는데, 3학년부터도 격차가
심한 반이 있다. 특히, 온라인 수업이 도입되면서, 디지털 리터러
시까지 더해져 수업의 수준을 그저 중간 지점에 두고 가르치다 보

면, 교실 수업에서 소외되는 그룹이 더 많아지는 현실이다. 이 아이들의 수업 몰입도를 위해 그 아이들만의 과제를 제시한다. 얼마 전 사회 교과서의 '우리 고장의 문화재'를 화상 수업으로 가르친 날이었다. 한 학생에게 파워포인트로 3학년 사회 공부를 위한 역사에 대해 3분 정도 설명할 자료를 만들어 보라고 했다. 그 아이는 다음 날 아침에 아이들에게 자신이 준비한 파워포인트로 역사 이야기를 설명했다. 한자 6급, 엔트리, 역사에 능통한 아이였다.

5. 학기 말과 학년말에 자신 있는 단원을 골라 중요한 내용 발표하는 책거리를 기획한다.

 - 아이들이 선생님이 되어 자신이 배운 내용에서 중요한 부분을 정리하고 발표하는 시간을 가진다. 선생님 한 사람의 설명 방식에서 벗어나 아이들의 개성이 묻어 있는 접근 방식을 보며 아이들은 다양한 방식으로 이해력을 높일 수 있다. 다양한 교과의 각 단원 내용이 치우치지 않도록 사전에 신청 목록을 받아서 조정해 두면 듣는 학생도 지루하지 않게 들을 수 있다.

PART 4

신규 교사와 중견 교사,
그 중간 어디쯤

늘 다시 새롭게 시작되는 학교생활

"선생님, 혁신 쪽 업무는 뭘 하는 거예요?"

"이 학교는 품의할 때 어떻게 해요?"

"전담 수업은 어떻게 정해요?"

"뭐부터 해야 하는지 모르겠어요."

"그건 제가 해야 하는 거예요?"

"행정실에 가면 알아서 해 줘요?"

"영어교실에도 환경 물품구입비 주나요?"

"작은 학교라 업무가 많을 텐데 진짜 많아요?"

"……"

시골 작은 학교에 온 새로운 선생이 쏟아 낸 질문이다. 한두

해 학교에서 근무하는 게 아니지만, 늘 새로운 학교로 옮겨 다녀야 하는 교직의 특성상 늘 새 학교는 어렵다. 이전 학교에서 익숙한 시스템을 모두 버리고, 새로운 근무지에 익숙해지는 데는 시간이 걸리기 마련이다. 이때, 조금이라도 친절하게 대했다가는 새로 온 선생님의 쏟아지는 질문 공세에 3월 한 달간 매우 피곤해진다는 것을 누구나 겪어서 알게 될 것이다. 그래서 인수인계에 무심해지는 것이 아닐까? 어차피 친절하게 알려 줘도 질문자의 궁금증에 순간적 가려움을 긁어 주는 정도밖에 안 된다. 내가 새로운 학교로 옮기고 나서 여러 질문을 쏟아 내지 않는 이유도 거기에 있다. 어차피 실수가 있더라도 서서히 교정해가면 된다는 경험치가 쌓였기 때문이다. 업무는 1년을 해 봐야 나아가야 할 길이 훤히 보이게 된다.

새로 부임한 곳은 가문비나무가 2층짜리 학교 건물보다 높게 솟아난 듯 자라난 옛날 모습을 그대로 간직한 시골 학교였다. 운동장을 벗어나 오솔길을 걸으며 재경 선생이 나에게 쏟아 내듯 질문 폭탄을 던지고 있다. 한참을 말없이 듣다가 내가 한마디를 던졌다.

"선생님, 선생님이 나중에 지금의 우리의 대화를 떠올릴 때가 있기를 바라요. 그때는 내가 이 학교에 있을 수도 있고 없을 수도 있겠지요. 누군가 이 학교에 와서 선생님에게 그런 이야기를 쏟아낸다고 생각해 봐요. 아마도 교직 경력이 꽤 되더라도 작은 학교가 처음이라면 아마도 걱정되는 부분이 있을 거예요. 그래도 너무 빨리 모든 일을 잘 알아서 해결해야겠다고 생각하기보다는 지금 이 오솔길을 즐겼으면 좋겠어요. 분명히 서서히 이 학교에 출근하는 날이 늘어날 때마다 어렵지 않게 업무를 해나갈 수 있을 거예요. 천천히 해도 괜찮아요. 먼저 여유를 가지고 서서히 둘러보면서 해나가다 보면 더 일도 수월하게 풀릴 거예요. 선생님의 건강과 마음의 평안함을 먼저 챙기면 좋겠어요."

당시에 바로 대답해 주지 않는 나에게 야속하고 섭섭한 마음이 들었을지도 모르겠다. 어쨌든 내가 먼저 그 학교를 떠나왔고, 분명히 재경 선생은 매우 훌륭하게 자기 일을 해냈다. 언젠가 다시 마주쳤을 때, 그는 나에게 이렇게 말해 주었다.

"선생님, 그때 생각났어요. 제가 처음 이 학교에 왔을 때 선생님이 저에게 해주신 말이요. 하하, 저도 새로운 선생님이 걱정하길래 똑같이 얘기해 줬어요. 그리고 그 선생님이 학교에 잘 적응할 수 있도록 1년 동안 재미있게 지냈고요."

　나에게 고맙다는 말로 끝을 맺었는지는 그 뒷 말은 내 귀에 잘 들어오지 않았다. 내 행동이 다른 사람에게 평가받는다는 사실이 어쩐지 조금 쑥스럽기도 하고, 다시 나에게 돌아왔을 때, 그 결과를 듣는 것이 좀 어색하기도 했다. 개인적으로는 내가 누군가와 함께할 때, 상대 동료가 같이 일하기 수월한 사람이라고 생각할 수 있게 행동해주는 게 좋다고 생각하고 있다. 그리고 처음 만나는 선생이 긴장하든 조금 짜증을 부리던 나는 그저 해프닝 정도로 생각하고 넘기는 편이다. 지속적인 기 싸움이야말로 가장 쓸데없는 짓이라고 생각한다. 그럴 때면 나는 혼자서 마음속으로 고요히 내 마음의 무게중심을 키우는 명상을 해본다. 조금 더 적극적인 방법으로는 종이 위에 그 상황을 쓰고 나서 그 종이를 구겨서 휴지통에 버리는 상상을 한다. 시각적으로 민감한 경우, 이런 훈련이 도움이 되는 것 같다.

Episode28.
그건 선생님 문제가 아니야

"저한테 아이가 뭐라고 하는 줄 알아요?"

새내기 선생이 점심시간에 하소연을 한다. 곧 신규 임용 발령을 받게 될 선생이다. 우리 학교에서 잠깐 임시 강사를 하는 중이었다. 무엇이든 성심껏 아이들과 소통하려고 노력해 왔던 터라 아이의 심한 말에 충격을 받은 모양이었다.

"어떻게 저에게 그런 말을 할 수 있을까요? 제가 정말 그런가 하는 생각도 하게 돼요. 저는 정말 아이들한테 배려해 주고 이해해 줬거든요. 그런데 저에게 그런 말을 하는 거예요. 그러니까 정말 제가 어이가 없고."

갑자기 감정이 북받쳤는지 말을 더 잇지 못하고 눈물이 돌았다.

가만히 듣고 있던 내가 내 생각을 말했다.

"그건 선생님 문제가 아니야. 자 봐. 그 아이가 그 말을 하는 게 납득이 안 되잖아? 아무리 객관적으로 생각해 보려고 해도 인과 관계나 맥락이 없으니까 선생님은 당황스럽고 어이없었겠지. 그럴 때는 이 문제를 그 아이의 문제로 바라봐. 선생님의 문제라고 그 아이가 말했다고 해도 수긍이 안 되는 상황이었다면, 그건 그 아이가 문제의 책임을 전가하고 있는 것일 수 있어. 자신이 사실은 이미 짜증이 나 있었거나 아침부터 집에서 기분 나쁜 일이 있었던 감정을 계속 가지고 온 거지. 그때 마침 작은 상황이 거슬렸고, 그래서 그 전부터 쌓였던 감정을 터트리게 된 것일 수 있다는 거지."

자신의 문제로 자책하고 있느라 자신의 억울한 마음, 속상한 마음, 화난 마음에 초점이 가 있다 보니, 그 아이의 말과 태도를 곱씹고 있었던 그 선생의 눈빛이 조금 선명해지기 시작했다.

"선생님, 그 생각은 해 보지 못했어요."

나는 내 말에 귀를 기울여 주는 모습을 보고 나서야 더 덧붙였다.

"아마도 그 아이 마음은 이미 선생님을 만나기 전부터 지금 선생님이 힘든 마음이었던 것처럼 계속 힘든 상태였을지도 몰라. 그 원인이 단순히 선생님 때문이 아니라 자신을 둘러싼 여러 복합적인 환경이 그 아이를 힘들게 하고 있어서 평소에도 마음이 평화롭지 못했을 수 있어. 우리는 그런 아이들을 교실에서 만나게 될 때가 있어. 그때는 선생님 자신을 억지로 탓하거나 자책할 필요가 없다고 생각해. 다만 그런 아이에게 어떻게 도움이 될 수 있을까 생각해보는 것은 건설적인 거지만, 선생님 자신을 탓하는 것은 포인트에서 비껴간 것이 아닐까 생각해보면 어떨까?"

내 이야기를 듣고, 마음이 조금 가벼워진 표정이었다.

"선생님, 제가 선생님 얘기를 들으니, 상황상 그럴 수 있는 이야기라고 생각해요. 마음이 한결 나아졌어요."

"그래요. 이제 점심 맛있게 먹고 잠깐 운동장이라도 거닐고 차도 한잔하면서 기분 전환해요."

나도 예전에 이런 상황을 수도 없이 겪었었다. 아이들이 교실이라는 같은 공간에 머물지만, 각자 가지고 온 감정과 삶의 배경은 각기 다르기 마련이다. 그러나 선생인 나 자신은 그 사실을 나도 모르게 잊어버린다. 지금 마주 보고 있는 이 아이들을 내가 다알고 있다고 말할 수 있을까? 그저 내 앞에서 관찰된 모습, 내 앞에서 한 행동, 말 이외에 아이들은 아주 다른 모습을 다른 장소에서 보여 줄 수 있다. 마치 초등학생 시절 내가 학교에서는 친구들과 선생님 사이에서 존재감 없는 조용한 아이였지만, 학교가 끝나면 친한 친구들과 모여 무인도에 갈 어마어마한 꿈을 기획하고 실천하고 있었으니까. 나 자신도 누군가에게 보여주지 않은 세계가 많다. 나는 아이들도 그럴지 모른다는 생각을 자꾸 되새김질하려고 한다.

Episode29.
집에 가면 완전히 녹초가 돼요

"내가 운전하는 동안 말하다 보면 대답이 없어. 바로 잠들어 버려."

우리 교무부장이 아침 커피를 나눠 주며 하는 말이다. 교무부장은 출근, 퇴근할 때 자기 차에 5학년 담임인 임시 강사 선생을 태우고 다닌다. 그런데 그 임시 강사가 퇴근할 때면 차에서 곯아떨어진다는 것이다. 사실 그 둘의 관계는 사제지간이다. 초등학교 담임선생이 근무하는 학교에서 임시 강사를 하는 특별한 관계라 서로 애틋하다.

많은 선생님이 이렇게 집에 들어가면 퇴근과 동시에 피로감이 극도로 밀려든다는 것을 잘 알고 있다. 나도 그랬다. 아이들 업무는 업무와 봉사 두 가지 차원을 왔다 갔다 하다 보니, 일이라는 것이 사실 재미를 붙이면 끝이 없다. 마감도 없는 일에 매진하며 몸과 마음이 소진되도록 몰두하다 보면 하루가 어느새 저물어 있다.

"선생님, 그건 뭐야?"

"네, 이건 젠탱글 도안 파일이에요."

"젠탱글이 뭐지?"

"수업 시간에 각자 문제를 푸는 시간이 있을 때, 먼저 한 아이들이 기다려야 하잖아요. 그때, 무료할 때 색칠할 수 있는 도안들이에요. 제가 도안을 많이 가지고 있으니까 필요하시면 파일 전체를 메신저로 쏴 드릴까요?"

"그럼 나한테 보내 줘 봐요."

"저도요."

우리는 연구실에 모이면 저마다 가진 자료를 펼쳐 놓고 나눈다. 아마도 아이들한테 좋다는 건 다 해주려는 엄마와 같은 마음이랄까? 또 학급의 안전하고 평화로운 운영과 관리에 도움이 되는 건 뭐가 있을까 늘 유목민처럼 찾아다닌다. 그러다 보니 저마다 나름의 묘책과 자료를 모으고, 폐기하고, 확장하고 선택하며 살아간다. 나는 지금껏 그렇게 살아왔다.

물론 "뭘 그런 것까지 해?"라는 반응을 하는 선생도 있다.

"그건 아이들에게 단순 노동일 수도 있어. 그리고 다양하게 표현하는 창의력을 제한할까 봐 나는 알지만 사용하지는 않아."라고 말하며, 자신만의 철학을 구축하여 그 기준으로 방향성을 가지고 자료도 선별하여 사용하는 선생도 있다.

어쨌든 나는 마음껏 해보고 싶은 것은 충분히 해 본 편이다. 옆 반에서 하는 것을 배우고 따라가면서도 나만이 줄 수 있는 것도 적절히 섞어서 사용한다. 나를 만난 아이들이 나를 통해 배웠으면 하는 것을 가지치기해서 전하려고 한다. 내가 다시 신규 교사로 돌아간다고 해도 나는 지금과 같은 길을 걸을 것 같다. 내가 궁금하고 해 보고 싶은 것은 마음껏 배우고, 마음껏 적용해 보는 재미가 상당했었다. 그 과정이야말로 내가 좋아하는 방식이다. 부딪쳐 보고, 수정하고, 도전해보고 아니면 돌아가면 되니까.

이렇게 살다 보면 남들은 편하다고 생각할 초등학교 선생이란 직업도 매우 피곤하고 힘든 직업이 될 수 있다. 아이들에게 해 주고 싶은 게 많은 교사는 퇴근 후에 녹초가 될 수 있다. 하지만 언젠가 다 해 보고 나면 자신만의 리듬을 가질 수 있게 된다. 무엇에 힘을 주어 일하고, 어떤 때 가볍게 힘을 빼고 진행해야 하는지 자신만의 리듬과 박자를 갖게 되더라.

Episode30.

3년, 5년이 고비래

"막상 학교에 오니까 정말 정신이 없다."

"맞아, 해야 할 일은 많지. 챙겨 줘야 할 일도 많고, 또 배워야 할 것도 많아. 와 보니까 내가 모르는 것도 너무 많은 것 같다니까."

"오늘은 아침에 우리 반 아이가 네 번을 토하는 바람에 힘들었잖아. 애들은 시끄럽게 난리지. 나 혼자서 그거 치우고 나니까 수업 시간이 다 지나갔지. 집에 연락하니까 전화는 안 되지."

"에구, 고생했네."

"나는 그래서 뿌리는 향수 같은 거 가지고 있어. 내가 치워 주면서 옆에 애들도 따라서 토하고, 나도 울렁거려서 일단 냄새부터 잡아 놓고 뒤처리하려고."

"그거 좋은 방법이다."

"근데 잠깐 밖에 좀 봐 봐. 진짜 봄 날씨 좋다! 아이들 있을 때는 모르겠는데, 아이들이 다 빠져나간 학교에 있으려면 나는 좀 답답해지더라고."

"하하 나는 점심시간이 제일 정신없더라."

"우리 반은 6학년인데 복도에 전시해 놓은 전시물에 그 오래된 오징어 있잖아? 그걸 떼어먹은 거야. 먼지도 가득 찼을 건데, 그런 생각을 할 줄 누가 알았겠어?"

"진짜?"

"이제 앞으로도 이런 엉뚱한 일이 계속될 건데 적응을 해야지. 안 그래? 앞으로 언제까지 해야 하냐면 음, 그러니까 65세?"

"다들 하는 얘기가 있지. 3년, 5년이 고비래. 그것만 넘어가면 그냥 쭉 은퇴까지 가는 거야."

고만고만한 경력을 가진 선생끼리 모여서 하는 이야기였다. 내가 신규로 지낸 학교는 60학급이 넘는 신설학교이다. 대규모 아파트 단지 입주와 맞물린 시기에 개교하다 보니, 달마다 학급이 증설되었다. 달마다 신규 교사가 발령받다 보니 3년 미만의 교사가 서른 명 가까이 되었다. 자연히 우리끼리 진로에 대한 이야기를 나누기 좋은 분위기가 형성되었고 실제로 진로도 다양했다. 교사를 그만두고 대학원을 진학해서 다른 분야로 진출하기도 했고, 가족을 도와 해외 의류 사업을 하러 떠나기도 했다. 그래도 대부분은 학교에 남았다.

신규 교사가 많은 학교라서 학급 운영도 매우 개성 있고 다양하게 운영되었다. 특히, 나에게 인상 깊었던 선배는 대구 출신의 여선생님이었다. 아침이면 A4 몇 장을 교재 연구로 가득 채우고, 하루를 시작하던 선생님. 장애인식 개선의 날 학습이면 약 1주일간 실제로 왼팔을 묶어서 생활하며 체험하도록 지도했던 분이시다. 뭐든지 학생의 체험과 이야기를 중요한 교육 자료로 삼으신 모습이 인상적이었다. 그러나 그 선생님은 채 5년을 채우지 않고 교직을 떠났다.

이후에는 서울의 디자인 회사에서 일한다고 하셔서 몇 년 뒤 어렵게 연락을 취해 한 번 만난 적이 있다. 나에게 그 학교에서 멘토 선생님이라고 생각되어서 늘 마음에 궁금증이 있었다. 오랜만에 나타난 선생님도 나와의 만남이 설렌다고 하셨다. 누구보다 학생의 주체적 삶을 고민했던 선생님이라고 생각한다. 그 영향으로 나도 나름대로 교과서 이외의 교육이 무엇이고, 아이의 삶과 밀접한 교육이 무엇인지 스스로 질문을 던지는 교사가 되려는 나의 방향성을 유지할 수 있었던 것은 아닐까.

Episode31.
더 사랑을 많이 전해야지요

"선생님, 해운이가 집에서 혼자 울어서요."

"그래요? 무슨 일일까요?"

"6학년 진영이라고 있나 봐요. 언니들이 자꾸 다른 아이들한테는 뭐라 하지 않는데, 해운이가 하는 일에는 뭐라 하고, 또 심각하게 말한 게 있나 봐요. 자기 혼자서 해결하려고 생각했는지, 방에서 혼자 울고 있더라고요."

"아, 그랬군요. 안 그래도 혹시나 싶었는데, 한번 확인을 해 볼게요."

"네, 제가 오후에 시간이 나니까 선생님 뵈러 잠시 가도 될까요?"

"네, 오셔도 돼요. 그러면 이따 볼게요."

얼마 전 시골 작은 학교로 전학 온 우리 반 해운이 엄마의 전화였다.

나는 해운이 엄마가 오기 전에 6학년 선생님에게 찾아갔다.

"선생님, 우리 반 해운이 있잖아요? 해운이가 진영이 언니 말 때문에 집에서 혼자 우는 걸 엄마가 보신 모양이에요. 그래서 전화가 왔거든요. 제가 진영이랑 아이들 몇 명 데리고 이야기를 나누고 상황을 좀 알고 싶은데 같이 잠깐 이야기를 나눠도 될까요? 제가 이 일을 잘 마무리해 볼게요."

"그래요, 그럼 정 선생이 얘기하고 잘 정리되면 알려 줘요. 그럼 아이들 수업 끝날 때, 내가 교실로 애들 데리고 갈게요."

"네, 감사합니다."

아이들을 불러 모아 얼굴을 보니 쉽게 수긍하지 않을 눈빛으로 보였다. 그건 순전히 교사로서 나의 촉이다. 이럴 경우는 긴말을 하는 것보다 먼저 기록을 하는 것이 좋겠다고 생각했다. 처음부터 대화를 시도했다가는 아이들의 말 바꾸기에 휘말려서 결국 아무런 도움도 주지 못하고 오히려 문제를 더 키울 수가 있기 때문이다. 그간 실패한 경험이 쌓여서, 나도 나름대로 개선해 온 방식이다.

"여기 종이를 한 장씩 줄 테니까 15줄 가득 해운이와 있었던 일을 써."

최대한 말을 간결하게 하려고 노력했다. 아이들은 지금 나에게 하고 싶은 말이 얼마나 많겠는가? 내가 앞뒤 설명도 없이 종이를 던져 주고 15줄이나 쓰라고 했으니. 연필 소리만 나는 교실에서 나는 무심한 듯 다른 일을 들여다보는 척 연기했다. 아이들의 연필 소리에는 억울함, 짜증 남, 미움, 원성이 담겼으리라. 한동안 혼자서 연필 소리를 듣고 있었다. 잠시 후에 아이들이 나를 바라본다. 내가 아이들과 눈이 마주치자, 자기들끼리 눈빛을 주고받고 나서 이렇게 말했다.

"다 썼어요."

아이들도 '선생님'이란 호칭도 빼고 나처럼 간결하고 무뚝뚝하게 말을 내뱉었다. 사실 6학년 여학생들은 1학년 때부터 겨우 10명도 안 되는 학생이 같은 반으로 6년을 보낸 아이들이었다. 그러니 자기들끼리 더 똘똘 뭉쳤다. 오히려 전근이 잦은 담임 선생이 그 아이들과 관계를 맺기가 쉽지 않을 만큼 그 아이들만의 소속감이 강했다. 게다가 자기 반도 아닌 5학년 담임인 나에게는 얼마나 더했겠는가. 내가 말을 걸어도 평소에도 웬만해선 대답도 잘 하지 않는 아이들이다. 게다가 뭔가 혼나는 분위기인 이 상황이 결코 달 갑지 않았을 테지.

나 역시 아무 말 없이 아이들 종이를 먼저 읽어 내려갔다.

다 읽은 뒤에 아이들의 마음을 움직일 수 있게, 최대한 여자아 이라면 공감할 만한 방식으로 해운이의 상황과 입장을 설명해 주 었다. 아이들은 진영이가 상황을 과장했거나 심지어 거짓말을 해 서 해운이를 오해할 수밖에 없었다는 것을 인정하기 시작했다. 진 영이를 제외하고 아이들이 쓴 글은 나도 충분히 받아들일 만한 점 이 있었다. 내가 아이들 이야기에 공감하고 해운이와의 관계가 악 화되지 않도록 부탁을 한 뒤, 아이들을 교실로 돌려보냈다. 진영이 역시 별도로 남겨서 혼을 내기보다는 당장은 상황만 정확히 파악 하는 선에서 끝냈다.

"선생님이 해운이 엄마와 이야기해 보고, 추후에 어떻게 할지 생각해 볼게. 너희도 너희가 할 수 있는 방법을 생각해 봤으면 좋 겠어. 그리고 다른 아이들의 입장은 해운이 엄마에게도 내가 오해 였다고 대신 잘 말해 볼게. 그런데 진영이는 선생님이 이 정도 선 에서 끝낼 수 없을지도 몰라. 일단 좀 더 기다려야 할 것 같구나."

진영이는 말이 없었다. 다른 아이들은 처음 우리 교실을 들어

설 때와 달리, 힘이 들어가 있던 눈빛이 부드러워진 것을 느낄 수 있었다.

그리고 오후에 해운이 엄마가 교실에 찾아왔다. 해운이와 함께였다. 한참을 서로 이야기를 나눈 뒤였다. 내가 앞으로 어떻게 할지 여러 가지 계획을 꺼내 놓았을 때, 해운이 엄마가 나에게 제시한 해결책은 가히 충격적이었다.

"선생님, 진영이요. 진영이에게는 저와 해운이가 더 많은 사랑을 주어야 한다고 생각해요. 그런 일이 있었지만요. 더 많은 사랑을 가슴에 받을 수 있게 해 주어야 비로소 그 사랑이 진영이 마음에 가득 차서, 자연스럽게 해운이도 사랑스럽게 바라봐 줄 수 있지 않을까요? 우리 그렇게 해요."

지금껏 그 어떤 피해 학생의 사례에서도 볼 수 없었던 놀라운 제안이었다. 나는 지금도 그분과의 인연을 이어 가고 있다. 그전에는 때때로 학부모를 나에게 민원을 안겨주는 사람이라는 시선으로 두려움을 가지고 거리를 둔 적도 있었다. 하지만 이런 체험은 내가 학부모를 통해서도 배울 수 있다는 깨달음을 주었다. 또한, 이 사건을 통해 나도 선생이기 이전에 따뜻한 마음을 지닌 인간이라고 느낄 수 있게 해주었다.

우리가 자기 교실 뒷판 꾸며 줬어

"어, 지금 퇴근하세요?"

"응, 이제 회의 끝났어?"

"네, 교무실에서 이것저것 얘기 나눠 봐야 할 것도 있어서 이제 교실로 가려고요."

"그렇구나. 오늘도 일이 많구나! 또 늦게 가겠네?"

"네."

작은 미소를 지어 보이며 나는 교실로 향한다.

과학부장을 맡아서 연초에 챙겨야 할 일들을 파악하고 처리하느라 1학년 7반 아이들 챙기는 일이 산더미처럼 쌓여 간다. 일을 때려잡아도 새로운 일이 두더지게임처럼 올라오는 속도를 못 따라가고 있었다.

어느 날은 교무실에서 컴퓨터실 업체 선정 문제로 협의를 마치고 교실로 돌아온 오후였다. 우리 교실에 동 학년 선생님들이 모여 있었다.

"어, 여기 모여 계시네요?"

"응, 우리가 자기 교실 뒷판 꾸며주고 있어."

그러자 한오백년 별명을 지닌 선생님이 덧붙인다.

"정수기가 바쁜 것 같아서 우리가 뒷판이라도 꾸며 주자고 했어. 이런 언니들 있으면 나와 보라고 해. 우리가 최고지?"

나는 고마우면서도 당황해서 잠시 말을 더듬었다.

"아, 네. 네. 고맙습니다."

그때의 그 감동은 그동안 선배들의 만행으로 상처받은 나를 단박에 치유해 주었다. 그 이후 나는 승진과 배움을 위해 24시간을 쪼개어 살던 때에도 유일하게 그 모임만은 유지하려고 노력했다. 아름다운 교직의 동행자. 그분들에 대한 내 마음속 이름이다.

특히, 그 한오백년 별명을 지닌 선생님은 늘 따뜻한 마음과 표현을 나누어 주었다. 교실에서 효율적으로 아이들을 가르치는 데 도움이 되는 최신형 기자재, 도구 등을 찾아서 품의도 해 주었는데, 그 도구들이란 하나같이 교사라면 감탄할 만한 것이었다. 그래서 우리는 그 선생님을 보면서 앞으로 한 오백 년은 교사를 할 태세라면서 우스갯소리로 별명을 지어 불렀나.

"아이고, 이거 아까워서라도 우리도 한 오백 년 해야 하는 거 아니야? 어떻게 이런 걸 찾아내고 샀어? 우리는 학기 초에 다른 일도 바빠서 이런 것까지 정성껏 찾아볼 생각을 못 했는데 정말 대단하다. 하하하."

오후에 수업을 마치고 연구실에 모여도 늘 웃음이 끊이지 않았던 동 학년. 나는 늘 그런 동 학년을 만나 긍정적인 시간을 보내길 꿈꿨다. 하지만 실상은 그런 동 학년을 만들어 내기가 쉽지 않았다. 이제 나는 그 언니 선생님들의 나이에 다가섰다. 나는 후배들에게 어떤 동 학년일까?

코로나19 시대의 우리는 메신저와 각종 컴퓨터 프로그램을 기반으로 협업한다. 일의 속도도 빨라진 만큼, 전보다 어쩌면 더 많은 일을 처리하고 있는지도 모른다. 그러다 보니, 모이면 협의할 주제를 다루다 시간을 다 보내 버리기도 한다. 한마디로 그때의 유머, 여유, 감동은 조금은 멀어진 듯해 아쉽다. 그리고 나 자신이 그 언니들과 성향이 다르다는 것을 지금에 와서야 알게 되었는데, 동 학년 분위기는 우리 각자의 성향이 어우러져 만들어 내는 것이라서 그때의 추억은 그 시절에 묻어 두어야 할 듯하다. 그리고 우리는 보따리 장사에서 바람처럼 빠른 속도로 발전해 디지털 수업을 위한 유목민 생활을 해나가고 있다. 내일 아침에는 아이들을 화상 수업에서 만나 인사를 나누고 수업을 해야지.

Episode33.

나이스는 어떻게 하는 거예요?

"선생님, 나이스는 어디로 들어가요?"

"학생 번호는 어디서 확인하라는 거예요?"

"평가 계획은 어디로 올려요?"

"선생님, 시간표를 나이스에 입력하라는데 어디에다 해요?"

6학년에 임시 강사로 와 있는 두 선생님이 따로따로 와서 같은 질문을 하고 돌아간다. 3월에는 학급 담임이 기본적으로 세팅해야 할 일들이 많다. 뭘 하나를 묻길래 알려 주고 나면 정작 나조차 일에 쫓기게 된다.

"선생님, 이건 어떻게 하라는 거예요?"

또 방금 메신저로 날아온 종이를 들고 우리 교실로 한 선생님이 들어온다.

'이런, 이거 다른 선생님도 모른다고 들고 올 게 뻔한데. 안 되겠네.'

나는 교실로 들어온 선생님에게 먼저 제안을 했다.

"선생님, 그러지 말고 얼른 7반 선생님도 오라고 해요. 그리고 선생님도 수첩하고 볼펜 꼭 들고 오세요. 두 분 다요. 제가 한 번에 설명해 드린 걸 다시 묻게 되면 서로 시간이 낭비되니까 효율적으로 가자고요. 내가 자세히 알려 줄게요."

"아, 네. 선생님, 알겠습니다."

내 이야기가 끝나자 바로 교실 밖을 나가더니 바로 두 선생님이 교실로 모였다.

"자, 좋아요. 실무는 하나하나 다 생각날 때마다 물으러 오면 내가 일을 못 해요. 수첩에 하나씩 적으세요. 제가 찬찬히 하나씩 짚어 줄게요. 기본적으로 사용하는 부분을 알려 줄 테니까, 적어 놓고 필요할 때마다 보면서 하다보면 천천히 하나씩 보일 거예요."

업무포털, 나이스, 이지에듀 등은 기본적인 업무 프로그램이다. 그런데 이런 프로그램이나 매뉴얼은 아직도 교육대학교 교육과정에서 다루지 않는 걸까? 신규 교사 연수에서라도 안내가 되고 있는지 모르겠다. 그때의 두 선생님은 임용고시를 준비하는 임시 강사이니 신규교사 연수 프로그램은 아직 받지 않은 채로 우리와 똑같이 폭풍 같은 3월을 힘께 시작하게 되었나.

연구실에 모였다. 여전히 두 선생님이 질문을 쏟아 내 나는 설명을 시작했다.

"음, 먼저 나이스 화면을 열어요. 그러면 상단의 왼쪽부터 메뉴가 있거든요. 거기에 교육과정이라는 탭을 열어요. 왼쪽 아래에 또 메뉴바가 나와요. 거기에 보면 기본시간표 설정 탭이 있어요. 그 탭을 열면 선생님 반의 시간표를 드래그해서 넣을 수 있어요. 그때 담임 시간과 전담 시간을 구별해야 하니까, 같은 교과라도 담당 교사 이름이 중요해요. 그거 잘 확인해서 넣으세요."

우리 옆에 계신 대선배님이신 선생님이 갑자기 웃음을 터뜨렸다.

"왜요? 선생님."

"뭘 그렇게 컴퓨터 화면을 열어 놓고 보면서 말하는 것처럼 자세하게 설명해? 꼭 눈앞에서 화면이 보이는 것 같아서 웃겨서 그래. 하하하"

나도 모르게 초등학생을 상대하며 오랫동안 교직 생활을 하다 보니, 쓸데없이 세세하고 친절해져 버렸구나 싶었다. 그 순간 나는 나 자신을 가끔 한 발짝 떨어져서 바라볼 필요가 있다는 생각을 하게 되었다. 옆에서 나를 지켜봐 주는 가깝고 친밀한 동료의 평가는 내가 모르고 있는 나에 대한 인식을 깨닫게 해준다.

손이 너무 못생겼다. 의외네?

"선생님, 이리 와 봐요."

매우 불친절하고 카랑카랑한 목소리로 그녀가 나를 불러 세운다.

"네, 선생님."

나는 첫 발령을 받은 다음 날이라 고분고분 무슨 일이든 해 보겠다는 각오로 긴장을 하고 있었다.

"선생님 반이 교무실 청소도 맡아야 하니까, 잘 알아두세요. 여기 교감 선생님 책상 아래 쓰레기통 보이죠? 이건 선생님이 직접 자주 확인하고 비우세요."

"네, 알겠습니다."

깍듯이 인사하며 고개를 들어 보니, 휙 돌아서는 그녀의 뒷모습이 이미 복도를 향하고 있었다. 그리고 며칠이 지났다. 같은 대학을 졸업하고 나보다 몇 달 먼저 발령을 받은 진숙이에게 그 선생님에 관해 묻게 되었다. 그녀의 학번을 물어보았는데, 별다른 뜻은 없었다. 혹시라도 연차를 알아두어야 차라도 대접할 때 선배들 나이대로 예우를 갖출 수 있지 않나 싶어 물었다.

"진숙아, 네가 복도에서 방금 얘기한 그 선배님 말이야, 몇 살이야? 그 선생님이 영어 전담이지?"

"응, 맞아. 해경이?"

"선배님 아니셔? 몇 학번이야?"

"하하하 수기야, 선배님은 무슨, 우리랑 같은 학번이야. 동기야, 동기. 몰랐구나?"

"뭐라고? 나는 여태껏 선배인 줄 알았어. 뭐야? 그런데 나한테 어쩜 그렇게 행동하지? 나보고 교감 선생님 책상 아래에 있는 쓰레기통을 직접 치우라면서 가르치는데, 딱 선배처럼 굴더라고. 에이, 완전히 속았네."

아마도 그때까지는 그녀가 내게만 유별나게 굴었던 건 아니었을 것이다. 오히려 한 달 정도 지났을 때부터 그녀는 노골적으로 나에게 기 싸움을 걸어왔다. 자기가 먼저 친하게 지내는 여자 선

배 선생님과 함께 나를 보면서 나를 난처하게 할 만한 말을 주고
받으며 그들끼리만 웃어 댔다. 나는 절대로 웃음이 나오지 않을 말
을 던지면서 말이다. 누가 봐도 무례한 말이었다.

"어머, 4반 선생님 도시락 좀 봐요. 장조림 말이에요. 저거 소고
기로 해야 냄새도 없고 맛있는데, 딱 봐도 돼지고기네. 어머 그걸
어떻게 먹어. 호호호."

"돼지고기라고? 그렇지, 소고기여야지."

맞장구쳐 주는 선생님은 큰 소리로 웃지는 않았지만, 언제나 해
경이 쪽을 향해 그녀의 말에 수긍해 주었다. 뻔히 내가 아닌 우리
엄마가 도시락 반찬을 싸 주시는 것을 알고 있으면서 가족을 들먹
이며 놀리는 행위를 아무렇지 않게 했다. 그뿐만 아니라 외모를 가
지고도 교무실에서 큰 소리로 웃음거리를 만들었다.

"어머 손 좀 봐. 어떻게 이렇게 못생겼냐? 얼굴하고 완전히 딴
판이네! 호호호."

나도 내 손등을 쳐다보며 수긍했다.

"내 손이 엄마 손하고 똑같은데, 가늘고 예쁘지는 않죠. 짤막하
고, 핏줄도 좀 도드라지고."

그러자 손 이야기를 계속했다.

"그러게, 손이 진짜 너무 못생겼다. 의외네? 얼굴만 봤을 때는 손이 이렇게 못생길 줄 몰랐지."

이렇게 늘 무안을 주던 그녀와, 나는 어떤 계기로 갑작스레 가까워졌다.

교무실에서 70여 명의 선생이 모여 교무회의를 할 때면 당시에 교장 선생님 말씀이 너무 길었다. 그런데 말씀하시다 어떤 말을 실수로 잘못 발음하셨는데, 그때 떠오른 코미디 장면이 오버랩되는 바람에 나는 한번 터진 웃음을 멈출 수가 없었다. 다른 선생님들은 모두 웃다가 멈췄는데, 한창 이십 대 초반인 나와 해경이는 얼굴을 구겨 가며 웃음을 참다 눈이 마주쳤다. 나는 손으로 그녀에게 나가자는 신호를 보냈다. 우리는 그 순간 아무것도 귀에 들어오지 않았다. 어떻게든 이 웃음을 다 터트리고 싶은 미친 욕망을 따르고 싶었다. 나 먼저 화장실 가는 척 과감하게 일어나 교무실을 나왔다. 해경이도 자연스럽게 따라 나왔다. 우린 복도에 나와서 둘이 손을 잡고 잠시 떨어진 복도에 쭈그려 앉아 실컷 웃었다. 그때 서로 눈이 마주치며 어찌나 천진하게 웃어 댔던지. 그 뒤로 해경이는 동기 중에 나만 챙기기 시작했다. 유일하게 해경이 자취집에서 해경이가 해 준 음식을 즐길 수 있었던 사람은 나였다. 나는 두고

두고 해경이에게 따졌다.

"너 진짜 그때 못되게 굴있어. 어떻게 그럴 수가 있냐?"

물론 그녀도 나름대로 이유가 있었다. 하지만 그건 내가 무언가 잘못했기 때문이 아니었다. 그녀가 힘들 때, 내가 평화로워 보였던 것이 결과적으로 나를 적대적으로 대하고 싶게 해 주었다는 것을 알았다. 듣고 나니, 그 이유는 이제 그다지 중요하지 않았다. 중요한 것은 우리가 동료와의 관계를 만들어 가는 열쇠는 그다지 거창한 것이 아니라는 점이었다. 작은 것이라도 공감할 수 있다면 편한 관계가 될 수 있다. 그 작은 공감은 마음속에 상대에 대한 미움이나 분노가 없어야만 가능하다. 아마도 내가 해경이를 교무실에서 데리고 나와서 함께 까르르 웃을 수 있었던 것은 그녀가 그리 얄밉게 굴어도 내 마음속에는 나만의 평화가 있었기 때문이었던 것 같다. 그리고 인간의 다양한 감정을 그다지 심각하게 바라보지 않고 약간의 애틋함을 가지고 바라보는 나의 시선. 그 시선이 흔들리지 않고 살아있을 때, 약간 위태로웠던 관계도 바뀔 가능성이 아예 없는 것은 아니구나.

Episode35.

왜 내 전화를 안 받아?

다음 주면 개학이라, 한창 아이들 맞을 준비로 바쁘다.

게다가 코로나19 상황에서 등교일이 격주로 나뉘어 준비는 더 복잡해졌다.

우리는 주간학습 안내를 이알리미와 홈페이지에 탑재하기로 했다.

2월 마지막 주 금요일 퇴근 시간이 다 되어갈 때였다.

밀린 메신저 내용을 확인하며 답장을 쓰는 중이었다.

옆 반 경자 샘이 교실 앞문에 얼굴을 내밀고 묻는다.

"우리 주간학습 안내 말이야, 이알리미와 홈페이지에 올린다고 했지?"

"네, 맞아요."

"그렇지, 맞지? 아니, 나도 그렇게 알고 있는데 헷갈릴 뻔했잖아. 3반 샘이 갑자기 전화가 와서는 이학습터에 게시판 만들어 달라고 하잖아. 이학습터에 부장이 올리라고 했다잖아. 그 샘이 잘못 알고 있구먼."

"네, 이학습터에 올리라는 말은 없었어요."

나 역시 자리에서 일어나지도 않은 채로 고개만 돌려 대답하고 바쁘게 메신저에 답장을 쓰고 있었다. 당장 다음 주부터 만날 특수학급 학생에 대한 담당 선생님과의 협의라서 다급하고 중요한 일이었다.

경자 샘이 문 앞에서 말하고 간 지 얼마 안 되어, 이번에는 3반 은아 샘이 뛰어 들어왔다.

"샘, 나 빨리 이학습터에 게시판 만들어 줘."

"네?"

아차, 경자 샘이 얘기한 게 떠올랐다. 은아 샘이 지금 이알리미를 이학습터로 착각하고 계시는구나. 나는 앉은 채로 선생님을 바라보며 거부했다.

"샘, 이학습터 아니고 이알리미예요. 그것만 하면 돼요."

"그래, 이알리미는 했어. 이학습터 게시판 만들어 줘."

"아이고, 선생님 저도 아직 안 했어요. 그리고 이학습터 게시판은 지금 만들 필요가 없다니까요. 아직 해야 할 일이 많아서요."

"아니, 아까 부장이 하라고 안 했어? 했잖아."

"샘, 여기 제가 보여 드릴게요. 제 수첩에 정확히 적어 놨거든요. 아니에요."

나는 내 수첩을 펼쳤다. 은아 선생은 내 책상 가까이에 와서 내 수첩을 들여다봤다. 그런데 갑자기 버럭 화를 내었다.

"아니, 근데, 교실에 있었던 거야? 지금 교실에서 메신저 쓰고 있었으면서 내가 전화 두 번이나 했는데, 안 받았어? 어떻게 그럴 수가 있어? 왜 전화를 안 받아? 어?" 나보다 여섯 살 정도 많기 때문인지 교실에 있으면서 전화를 바로 받지 않은 것에 화가 나셨나 보다. 사실, 나도 나름대로 바빠 답장할 메시지가 있어서 작성 중이었다.

갑자기 복도가 울릴 만큼 큰소리를 지르더니 얼굴도 무섭게 변해 버렸다. 나는 둘만 있는 상황에서 계속 있다 보면 억울하고 화가 날 것 같아서 차분한 목소리를 유지하려 노력하며 선생님 어깨를 잡고 보내 드리려고 했다.

"선생님, 전화 두 번 안 받은 거요. 그렇게 화낼 일 아니잖아요.

그러지 말고 가셔요."

"아니, 위아래도 몰라봐? 왜 교실에 있으면서 전화를 안 받아?"

다리에 힘을 주고 꼼짝하지 않으려는 선생님을 애써 앞문까지 보내 드리고 문을 닫았다. 나도 기가 막혀서 더 이야기할수록 서로 관계만 나빠질 듯해서 되도록 말을 아꼈다.

잠시 후 옆 반인 경자 샘에게 가서 나에게 들리도록 큰 소리로 여전히 나에게 못한 분풀이를 하듯 온갖 말을 쏟아 내며 소리를 지르고 있었다.

며칠이 지나 나는 은아 선생에게 작은 도움을 주며 내가 먼저 다가가 웃어 주고 대화를 기꺼이 나누었다. 사실 은아 선생이 2월 말 금요일에 그렇게 나에게 화를 낸 뒤, 3월 2일인 첫 개학일에 관계를 회복하고 가까워졌다. 그 비결은 바로 첫 개학일에 만난 우리 반 특수학급 학생이 엄청난 부적응 행동을 보인 일 때문이었다. 나는 다른 아이들에게 안내해야 할 것을 놓쳐 가며 그 특수학급 학생을 따라다니느라 수업다운 수업을 채 한 시간도 제대로 할 수 없었다.

내가 연구실에서 그 에피소드를 풀어놓자 은아 선생은 내게 애틋함을 느낀 듯했다. 관계가 좋지 않았던 동료들과 다시 풀어나갈 수 있었던 것은 무엇 때문에 가능했을까 생각해 본다. 두 사람 중 한 사람만이라도 상대에 대해 미움을 키우지 않고, 상황에 대해 깨어 있을 때 가능하지 않았을까 싶다.

　내 입장에서 전화 두 번 안 받은 게 그렇게 욕먹을 일인가 하고 생각하면 얼마나 억울한가? 하지만 생각해보자. 내가 억울하다고 생각하는 순간 내 마음은 그 사람으로 가득해지고, 억울함은 분노로 자리 잡을 수 있다. 그렇게 되면 내 마음의 평화는 이미 떨어진 유리컵처럼 산산이 깨져 버린다. 이걸 다시 주워 모아 치우려면 미세한 유리 조각까지 찾아야 한다. 나는 그 시간 낭비가 얼마나 허망한지 잘 알고 있다. 이미 많이 겪어 봤다. 그래서 최대한 그 사람을, 그 일을 생각하지 않는다. '나 때문에 모든 일이 일어난 것은 아니다. 내겐 어떤 의도가 없었다. 그래서 내가 심각하게 담아두고 키워내지 않으면 별일 아니다.' 이런 생각으로 비워 내려 한다. 그러다 보면 다시 그 사람을 만났을 때 일상의 작은 일에 함께 웃을 수 있게 된다. 비록 낮은 수준의 공감이라도 내 마음이 맑음일 때는 우리는 함께 웃을 수 있다.

저희 반은 오늘 1인 1역 정했어요

"저희 반은요, 오늘 1인 1역 정했어요. 다른 때 같으면 3월 둘째 주면 다 정했었는데, 이번에는 많이 늦었어요."

혜림 선생이 먼저 말을 꺼냈다. 3교시에 전담 시간이 같아서 연구실에는 세 사람이 모였다. 아이들 공책과 과제를 들고 모인 1반, 7반 선생과 나는 각자 자기 일거리를 펼쳐 놓고 이야기를 나누고 있었다.

"우리 반은 아직도 못 정했잖아. 나는 코로나 시대라 1인 1역 해야 하나 고민했어. 그래서 그냥 학급 매니저만 뽑으려고."

1반 선생의 말에 혜림 선생이 의아해했다.

"학급 매니저요?"

"학급 매니저라는 이름을 붙여 줘서 그렇지, 칠판 닦거나 안내장 가져오거나 가벼운 역할을 한 명이 하는 거예요. 예전처럼 교실 활동 할 게 별로 없으니까.”

“아하, 그렇게 하시는구나.”

이야기를 듣고 있던 나도 생각난 게 있어서 이야기에 한 발을 담갔다.

“사실 코로나 이전에는 우리가 거의 30년 동안 만들고 다듬어 온 시스템이 있었지. 그중 하나가 1인 1역이고. 그런데 지금은 아침에 자가진단 시스템 확인해서 보건실에 통계 보고해야지. 아침에 발열 확인해서 기록해야지. 원격 수업에 쓸 자료와 안내장 별도로 챙겨야지. 갑자기 안 하던 자잘한 일들이 많이 생겨 버린거지. 뭐 그게 대단한 일은 아니지만, 안 하던 거니까 우리도 별일 아닌데 힘들게 느껴지는 거지. 생각해 봐요. 집안일 할 때 화장실을 매일 세 번 청소하지는 않잖아. 하지만 설거지는 어때요? 대단한 일은 아닌데 하루 세 번 미루면 세포 분열하듯이 어느새 큰일이 되어 버리잖아요? 이제는 그런 일상적인 일들이 코로나로 새롭게 잡무 폭탄이 되어서 우리가 하는 일을 자꾸 복잡하게 만드는 거지. 자칫 아이들 심리적 안정이라든가 아이들 진로 상담이라든가 그런 중요한 부분을 놓치고 갈 수가 있겠더라고. 그래서 나는 아이들이 수업에서 던진 의문점이나 이야깃거리를 화상 수업 있는 날 발표하게 해 줘요. 아이들 출석 겸 아침 인사 주제로 뽑아서 릴레이식으로 발표하라고 해요. 그러면 누구나 적어도 한 번씩은 화면의 주인공이 되어 발표하니까 좋아요."

"선생님, 그러면 수업 시간이 많이 부족해지지 않아요?"

"그런데, 그 주제 자체가 우리 수업에서 연계된 거라 실제로 수업 이외의 내용을 하는 게 아니에요. 지난주 3학년 국어 교과서에서 옛날 음식에 대해 배웠잖아요? 그 마지막 공부할 문제가 자신이 좋아하는 음식에 대해 발표하기였어요. 누군가 어떤 아이가 그 주제에 관해 이야기하고 싶어 하면 다른 아이들도 너도나도 발표하고 싶어 하죠. 그럴 때, 잠깐 생각만 하고 책에 간단히 적어 두라고 해요. 그리고 다음번 온라인 수업날 아침 인사로 하자고 제안하지요."

두 선생이 나를 보면서 뭔가 생각하는 모습이 보였다. 자신의 반 아이들에게 적용하면 어떨까, 상상해 보는 듯했다. 그 모습을 보면서 내 방법을 수용할까 말까 망설이는 시간을 조금이나마 줄여 주고 싶은 마음에 한마디 덧붙였다.

"아이들을 아무리 골고루 반 배정을 한다 해도 막상 담임이 되어 보면 각 반마다 아이들 분위기가 있어요. 성향도 다르고요. 그래서 항상 자신의 반 아이들에게 무리 없는 선에서 적용하는 게 필요하겠죠. 그리고 저는 늘 이런 생각을 해요. 거기에 더 소중하게 생각해야 할 것은 나 자신이라고. 교사의 성향이나 선호하는 방식을 급진적으로 바꿀 필요는 없다는 거죠. 자신이 개발해 온 전문성에 양념이 되어 줄 만한 것만 선택해도 충분하다고 생각해요. 많은 방식과 많은 자료를 다 끌어안고 가기보다는 학습하고 비워 내야 자신만의 맥락 속에서 재구성 할 수 있잖아요. 저는 내 마음의 평화가 아이들에게 가장 좋은 교재라고 생각하는 편이에요. 제 마음의 평화를 지킬 수 있는 선에서 학습해 가는 편이죠. 우리가 편안한 마음일 때는 조금 어려운 상황도 잘 넘길 수 있는 여유가 있잖아요. 그래서 나의 반응이 누그러지죠. 만약 그렇게 되면 아이들도 저의 평화로운 리듬을 따라 부드러워질 수 있다고 생각해요."

두 선생님의 표정에 처음에는 호기심이 가득했다가 교실을 상상하고, 이제는 점차 편안해 보이기 시작하자 마침표를 찍었다.

"자, 이제 교실로 갈까요?"

그때, 현실로 돌아온 1반 선생이 시계를 보더니 묻는다.

"아직 5분 남았는데, 가려고요?"

"네, 저는 먼저 복도에 가 있을래요."

내가 노트북을 정리하며 미소 지었다.

혜림 선생도 자리를 정리하며 일어선다.

"저도 가서 기다릴래요."

우리는 다수의 아이들을 지도하고 챙기기 위해 교실 시스템을 개발한다. 그럴 때마다 거의 30년 동안 쌓아 왔던 것을 버릴 것인지, 발전시킬 것인지 결정해야 한다. 내가 다른 선생과 나눈 대화가 쌓일 때마다 코로나로 인한 교실의 변화는 계속되지 않을까 싶다.

동료 교사와 학부모의 관계를
개선시키는 다섯 가지 팁

1. 나는 어떤 교사이고, 어떤 동료인지를 이해한다.

 - 내가 보는 나 자신, 또 다른 사람이 보는 나 자신을 얼마나 이해
하고 있는가? 나에 대한 이해의 정도에 따라 다른 사람을 대하는
대응 방식이 달라진다. 학부모, 동료 교사가 나에 대해 하는 말을
떠올려 보자. 그리고 나의 성장 배경에서 갖게 된 나에 대한 만족
감은 무엇인가? 과거의 경험으로 인해 생긴 나만의 트라우마가 있
다면 어떤 것인가? 나는 어떤 자극에 더 민감하게 반응하는가? 혼
자만의 시간을 정기적으로 가지자.

**2. 올해 예측되는 학부모 민원을 짐작해 보고, 적절한 대응법을 생
각해 둔다.**

 - 이전 연도에 겪었던 경험을 다시 정리해 보고, 나의 대응법을 수
정해 본다. 학부모보다는 학생을 일상에서 더 많이 접하게 되므로,
학생을 관찰하면서 유연히 대처하는 것이 우선이다. 3년 정도 교
직 경험이 쌓이면, 그 유형을 점검해 볼 필요가 있다. 어떤 민원이
라도 나의 대응법에 따라 수월하게 넘어갈 수 있다.

3. 새 학년도에 함께 하게 된 동료 교사의 장점을 파악하고, 협력한다.

- 보통 동료 교사의 장점을 파악하고 나면, 내가 기여하면 좋을 부분이 보이기 시작한다. 동료 간에도 관계의 균형을 찾는 것이 좋다. 지속해서 받기만 하는 것도 좋지 않지만, 지속적해서 주기만 하는 관계도 내가 지치니 좋지 않다. 처음에는 적당히 일상적인 대화를 나누면서 관찰하는 시간을 갖는 것이 좋다.

4. 해마다 자신의 목표를 정하고 시작해 보라.

- 나는 나름대로 연초에 몇 가지 목표를 정한다. 내가 작년에 동료 관계나 학부모 관계에서 어려움을 겪었다면 그것이 무엇인지 돌아본다. 그 어려움이 반복된다면 이번에는 어떻게 대처법을 바꿔 볼지 생각해 본다. 나의 경우는 누군가를 잘 돌봐 주는 것을 좋아한다. 그러다 보니, 생각도 해 보기 전에 '제가 할게요.' 혹은 '네'라는 대답을 먼저 해 놓고 후회한 적이 많다. 이런 경우, 리듬을 끊고 한 박자 늦게 대답을 늦추고 생각할 시간을 벌기로 하는 목표를 정해 본다. 실제로 나의 언어 습관과 행동 습관을 바꾸는 것이 쉽지는 않다. 그리고 꼭 바꿔야만 하는 것도 아니니까 가벼운 마음으로 한번 해 보는 것이다. 이런 성찰적 질문을 스스로 던지면서 교직 생활을 한다면 해가 거듭될수록 일상을 조금이나마 평화

로운 마음으로 지낼 수 있을 것이다.

5. 은퇴 시점을 미리 상상해 보라.

 - 혼자만의 시간을 갖지 않고, 너무 바쁘게 하루하루를 살아가다 보면 어느 순간 내가 의식하지 않고, 방향성 없이 살아가는 건 아닐까 하는 생각이 든다. 그즈음이 나름대로 교직 생활을 하며 어떤 방향으로 나아가야 할지 고민하는 시점이었다. 그럴 때, 다양한 정보를 찾아보는 것도 도움이 될 수 있다. 하지만 나는 스스로 은퇴 이후의 삶을 그려 보는 것이 도움이 되었다. 은퇴 후에도 건강하게 새로운 삶을 꿈꾸며 살아가고 싶다. 끝을 미리 구상해 보면 지금의 교직 생활을 어떻게 그려 가고 싶은지 더 명확해질 것이다.

PART 5

언택트 시대,
초등 교육은 처음이라

Episode37.

샘도 유튜버야

코로나19가 시작되기 전에 초등학생에게 무엇이 되고 싶냐고 물었다. 대부분의 아이들 대답은 유튜브 크리에이터였다. 그때만 해도 내가 유튜버가 될 줄 몰랐다. 학교 등교가 미뤄지고, 온라인 수업이 시작되었다. 2020년 4월, 나는 몇 년 전에 만들어둔 계정에 한국어 수업 영상을 올리기 시작했다. 러시아권 학생들이 그동안 배워온 한국어를 잊어버릴까봐 걱정이 되었기 때문이다. 한국어와 러시아어로 된 100문장을 영상으로 만들어서 올렸다. 학부모에게는 카톡방에 링크를 걸어두고, 아이들과 매일 한 번씩 들어야 한다고 알렸다.

한국어와 러시아어 두 언어가 가능한 아이들을 모아 여름방학

캠프에서 창작 동화를 지도했다. 당시에 만든 동화는 현재 서점에서도 구입할 수 있다. 바로 「딜렁이의 제험학습」과 「코로나19와 딜렁이」이다. 한국어를 배운 러시아권 아이들이 이중 언어로 만든 동화책이다. 이렇게 만든 동화책도 유튜브에 올렸다. 아이들이 만든 동화책으로 한국 학생은 러시아어를 배울 수 있고, 러시아권 학생은 한국어를 배울 수 있다.

최근에는 실시간화상수업에서 3학년 아이들이 '학습 파워포인트'를 스스로 만들어서 아이들에게 발표할 수 있게 했다. 역사, 미술, 수학 등 자신이 정리한 내용으로 친구들을 가르치는 것이다. 수동적으로 학습 내용을 받아들이는 것이 아니라 스스로 배운 내용을 디지털 자료로 뚝딱 만들어내는 아이들을 보자니 한없이 멋지게 보였다.

Episode38.

심리적 거리 두기가 필요해

코로나19로 인해 교실 내 방역 지침을 준수해야 한다. 아이들은 거리 두기를 지켜야 한다. 그런 상황에서 1인 1역을 정해서 뭐 하지? 일주일의 반은 온라인 수업인데. 괜히 오랜 관행처럼 운영되던 학급 매뉴얼이 낡아 보인다. 새로운 지침이 필요해. 심리적 방역 지침 어때? 얼마 전 딸아이의 같은 반 친구에게 담임 선생님이 뭐라고 혼내는 상황에서 그 친구가 이런 말을 했다는 얘기를 듣고 얼마나 웃었는지 모른다. "예민하네? 화났네? 장난인데 왜 그래? 진지하게 받지 마." 사실 이 표현은 유행하던 틱톡이었다. 그 선생님이 기분이 상하셨다는 얘기를 들었다. 가끔 누군가 예민해지는 것이 맞는지, 장난으로 웃어넘기는 게 맞는지 모호해진다.

인간관계에서 갈등은 심리적 거리를 지키지 못해서 일어나는 건 아닐까? 사람마다 자신을 안전하게 시키기 위해 필요한 심리적 공간이 다를 수 있다. 나는 그걸 심리적 안전거리라고 부른다. 그 거리를 정해 두고 서로 지켜 주는 것이 심리적 방역 지침이다. 우리 반의 경우, 그 선을 넘는 아이에게 아이들이 "어, 너 지금 선 넘었어."라고 알려 준다. 학기 초에 나는 아이들에게 이렇게 말해 주곤 한다. "선생님이 1년 동안 너희에게 화를 안 내겠다고 약속할게. 화가 나면 머리카락을 들어 올려서 신호를 보낼 거야. 미리 알려 줄게. 그러니까 마음 졸이지 말고, 긴장하지 말고 편안한 마음으로 학교에 와." 이러한 나의 노력도 결국 아이들의 마음을 평화롭게 지켜 주고자 하는 나름의 심리적 방역 조치이다.

아이에게 따뜻한 말 한마디 건네기

아이들 놀이가 위험해지는 경우가 있다. 교실에는 평화로운 관계를 만드는 데 미성숙한 아이들이 있게 마련이다. 그런 아이들이 친구에게 상처를 주는데도 아이들끼리 알아서 친하게 지내라는 말을 한다면 어떻게 될까? 상처를 받는 아이에게는 이 상황이 폭력적일지 모른다. 교사는 여유 있게 아이들의 관계를 관찰할 여력이 있는 게 좋다. 그리고 그 상황에서 아이들이 어찌해야 하는지 방법을 알려주는 것이 좋다. 그래서 나는 아이들이 나에게 친밀감을 갖게 하려고 많은 노력을 기울인다. 그 노력 중 하나가 개별적으로 아이를 마주하고 고민이나 진로에 대한 이야기를 나누는 상담 시간을 갖는 것이다. 아이가 학교에 수업만 하러 오는 것이 아니라, 고민도 해결하고 가길 바란다. 교사가 학생 한 명 한 명과 대

화하고, 아이의 마음을 읽어 주고 공감해 주고 인정해 준다면 아

이는 병안한 마음으로 학교에 다닐 수 있을 것이나.

진로 교육, 성교육, 경제 교육?

    아이들 진로 교육 중요하지. 그런데 진로 교육을 하려면 성교육과 경제 교육이 필요하지 않을까? 이런 생각이 든다. 초등학교 저학년부터 학교에서 성교육을 하고, 경제 교육은 주로 3학년부터 시작된다. 그런데 사실 아이들은 정작 잘 모른다. 최근에는 안양시의 경우, 성교육 프로그램을 학교에 지원해주고 있는데, 내용이 알차서 초등학생이 제대로 이해하기 좋았다. 내 생각에는 자녀가 초등학교 4학년이 되었을 때, 부모가 성교육과 경제 교육을 해주면 좋을 것 같다. 자녀로서는 부모의 삶을 막연히 일상에서 관찰하여 이해하고 있었는데 직접 부모님의 이야기를 듣게 된다면 성과 경제가 교과서가 아닌 삶으로 느껴질 것 같다. 분명하게 부모의 언어로 부모의 생각을 꺼내어 놓고, 아이와 대화를 나눌 필요가 있는 영역이다. 부모 입장에서도 생각보다 부모의 성향과 다른 자녀의 사고 방식에 깜짝 놀랄 수도 있다. 이런 대화가 사선에 있었다면 아이가 이성 문제나 경제적 문제로부터 자신을 지켜야 하는 상황에서 대응하는 데 도움이 될 것이다.

우선, 성교육 이야기를 해 보자. 부모가 함께 앉아 성교육을 해 주라고 권하면 꼭 돌아오는 말이 있다. "어유, 쑥스러워서요." 생각 보다 많은 부모가 이렇게 얘기하는 걸 보고 내가 더 깜짝 놀란다. 내가 신규 교사인 시절에도, 아니 더 거슬러 올라가서 대학 시절에 도 내 주변에는 부모님께서 직접 성교육을 해주셔서 미래의 배우 자를 대할 때, 자신의 태도에 영향을 받았다는 이야기를 들려준 사 람들이 있었다. 그런데 그로부터 20년이 지났는데도 여전히 생각 보다 많은 부모가 이를 등한시한다는 사실이 조금 안타깝다. 현재 학교에서는 제대로 된 성교육을 하는 것이 어려운 상황이다. 첫째 는 부모들 간 시각의 차이가 커서 민원을 걱정하기 때문이다. 둘째 는 교사도 성교육과 경제 교육에서 어느 정도까지 가르쳐야 할지 교육과정에 구체적으로 제시되어 있지 않다. 지난번에 안양시에서 해준 성교육 전문가의 교육을 실시간 화상 수업으로 해주셔서 나 도 아이들과 같이 들었다. 사실 나도 그 정도의 전문적 교육을 아직 교사 연수로도 받아보지 못했다.

　경제 교육은 어떤가? 우리는 필수적으로 삶 자체가 경제적 판단의 연속인 상황에서 살아간다. 솔직하게 얘기하자면, 진로의 문제는 경제의 문제와도 깊게 연관된다. 그러나 나를 포함한 대부분의 교사는 경제적인 지식에 관심이 부족하거나 심지어 '돈 문제'를 이야기하는 것을 부끄럽게 생각하는 경우가 있다. 경제적인 용어는 알아도 돈을 많이 버는 방법을 이야기하는 것을 불편한 시선으로 바라보기도 한다. 진로는 곧 인생의 행로인데, 인생의 갈림길에서 이정표에 '성적 판단'과 '경제적 판단'이 얼마나 영향을 많이 주었던가. 혼자서 고민하다 친구에게 물어보다 결정한 뒤에 후회하는 삶으로 이어지지 않았으면 한다.

　아이가 성장해서 성인이 된 이후에, 자신의 부모는 어떤 결혼관을 가졌고, 어떤 경제관을 가졌기에 이런 여정을 살아왔는가를 어렵게 유추해야 할 이유가 있을까? 이게 나의 의문이다. 부모가 먼저 자신이 지닌 아이템을 자녀의 손에 들려주어야 하지 않을까? 앞으로 더 필요한 다른 아이템을 스스로 구비하더라도 부모가 초등학생 자녀에게 주는 귀한 유산은 바로 '성'과 '경제'를 포함한 '진로'의 과정과 깨달음이 아닐까 싶다.

Episode41.
선생님이 되고 난 후, 뭘 하지?

"선생님, 제가 좀 얘기를 듣고 싶어서 왔어요."

"어떤 것 때문에요?"

"대학원을 가야 할지, 말아야 할지 고민이에요."

가끔 동료 선생님이 우리 교실을 찾는 이유는 대체로 세 가지이다. 첫째는 주로 자신의 진로 고민이다. 두 번째는 학급 아이들 고민이다. 세 번째는 학교 내 구성원과의 관계 고민이다. 나 역시 나의 진로를 늘 고민해 왔다. 내가 신규 시절에 대학원 진학을 하는 경우는 매우 드물었다. 스스로 결정하긴 했지만, 나 역시 다른 분들께 진로 고민을 털어놓았던 경험이 있다. 나에게 찾아왔던 선생님도 한동안 이야기를 나눈 뒤, 인사말을 남긴다.

"선생님, 저 다음에 또 올게요."

"아니에요. 선생님, 다음에는 스스로 찾아보세요. 어차피 내가 해 줄 수 있는 조언도 내 경험을 벗어나지 않으니까요."

나에게 서운함을 느끼더라도 조언은 한 번만 하려고 한다. 어차피 자신의 진로는 자신이 결정해야 하는데, 그저 찾아올 때마다 같은 말을 반복하게 하고선 다음에 또 같은 질문을 가지고 온다. 왜 자꾸 반복되지? 이런 상황이 여러 차례 반복되다 보니, 나도 내 시간을 방해받게 될 뿐만 아니라, 실제로 내 조언이 꼭 필요했던 것도 아니었던 것 같았다. 그 선생님들이 나를 찾는 이유는 내가 대학원을 나왔기 때문일 것이다. 업무 때문이 아니라 자신의 진로 고민으로 내 교실을 찾는 선생님들에게 지금은 어느 정도 거리를 두는 편이다. 이것은 내 나름의 경험에서 찾은 방식이다. 누군가에게 일시적으로 의존하게 되면 그다음에도 반복하게 된다. 나는 내 소중한 시간을 뺏겨서 일상에 방해를 받고, 그 선생님도 스스로 생각할 수 있는 시간을 갖기보다 해답을 자꾸 자신 이외의 사람에게 얻으려 하게 된다.

교사의 진로도 대부분의 성인의 진로 고민과 다르지 않다고 본다. 쉽게 말하자면, 돈, 사랑, 명예에 관한 것. 교사의 진로 설계도 경제적 설계, 가족 설계, 직업적 설계와 같이 여러 가지가 필요하다. 대학원 진학만 보더라도 경제적 설계를 고려해야 하니까. 나는 신규 교사 시절에 대학원 과정을 위해 급여의 대부분을 소비했다.

나는 나만의 진로를 신규 때부터 스스로 선택하고 결정했으며, 다시 새로운 계획을 찾아 스스로 학습해 왔다. 누군가 가볍게 대화를 나눠줄 수는 있지만, 인생의 길은 누군가의 매뉴얼을 따라갈 수는 없다. 자신의 길은 자신이 잘 찾을 수 있겠지. 조금 실수가 있고, 때론 실패와 좌절을 맛보더라도 나는 나만의 속도로 길을 찾아가려고 한다. 아무리 누군가의 것이 빛나 보인다고 한순간에 그 전략을 습득하기는 어렵다. 내가 가장 잘하는 것, 그리고 내가 좋아하는 것을 찾는 기쁨을 교직에서도 찾고 싶었다.

처음 교사가 되었을 때, 부끄럽게도 매우 낮은 순위로 합격했다. 하지만 발령을 받은 지 2년 차부터 대학원 진학을 결심하고, 1997년 서울대 대학원 석사과정을 밟았다. 혼자서 주말이면 서점을 다녔고, 주말이면 자주 서점에서 책을 읽었다. 그러다 대학원에 가야겠다고 마음먹었던 것 같다. 어쩌면 임용고시에서 좀 더 높은 점수를 얻었다면 그토록 대학원 진학이 간절하지 않았을지도 모른다. 나의 부족함을 채우고자 시도했던 첫걸음은 누구의 조언도 지도도 필요하지 않았다. 온전히 나의 내면의 목소리를 따랐다.

인생의 길이 새옹지마라고, 현재의 좋은 일이 다음에 안 좋은 일의 원인이 되기도 한다. 또 현재의 안 좋은 일이 다음에 다시 좋은 일을 만드는 기반이 되기도 하고. 내 자신의 삶이 그런 리듬을 반복한다는 것을 깨달았을 때, 섣불리 조언하는 것을 조심하게 되었다. 질문을 던져 자신의 내면에 있는 생각을 이끌어 줄 수는 있겠지만, 내가 현장에 있으면서 동료 선생님을 상담해 주는 일은 적잖이 오지랖이 될 수 있다. 그런 오지랖을 이제는 멈추고 학교를 떠나서 아예 대놓고, 오지랖 유튜버가 되어 볼까 엉뚱한 생각도 해 본다. 이제는 누군가 나의 조언이 필요하다고 해도 나도 그럴 만한 가치를 느껴야 움직일 것 같다.

내 아이가 힘들어할 때

아이들 관계도 어려울 수 있다. 선생님들도 인간관계에 대한 고민이 많을 것이다. 왜냐하면 1년이라는 기간마다 새로운 인간관계를 만들고, 벗어나는 과정을 반복하는 직업이니까.

나는 학급을 운영하면서 적용해 보았던 27년간의 경험을 바탕으로 나만의 '교실 균형 찾기' 프로젝트에 3월 한 달 동안 공을 들인다. 예를 들면, 3학년 교과서의 첫 단원은 '참된 우정'을 다루고 있다. 이 단원을 실제 우리 교실 이야기로 재구성하여 다룬다. 바로 오늘 있었던 일, 그것도 우리 반에서 일어난 일.

교실에서 아이들을 지도하다 보면, 아이들의 문제 행동을 개선하는 효과적인 방법을 몇 가지 알게 된다. '학생 관계 개선'을 늘 마음에 두는 것이다. 내가 맡은 학급은 1인 1역 등의 학급 규칙이 거의 없다. 대신 '참된 우정'을 향해 아이들이 노력하는 분위기를 만들어 주려고 한다.

문제 행동을 일으키는 아이라도 선생님의 의도적 지도와 적절한 관심, 마음 읽어 주기 과정에서 점차 다른 아이에게 도움을 주는 아이로 변화되어 가는 경우도 있다. 신기하게 그런 변화는 얼굴의 표정에서도 나타난다. 얼굴 표정이 편안해지고, 밝은 옷을 입으면 전보다 더 밝은 분위기가 감돈다. 연예인이 카메라 세례를 받는 횟수가 많아질수록 더 빛나는 스타가 되어 멋있어진다고 하는데 마치 그런 효과와 비슷하다.

자녀의 친구 관계로 고민하는 학부모가 있다면, 이런 얘기를 해 주고 싶다. 첫째, 가해 학생-피해 학생의 관점을 깨라. 그저 더 많은 사랑과 지도가 필요한 아이와 사랑을 받기만 한 아이 간 관계의 균형이 깨진 상태라고 바꾸어 생각했으면 좋겠다. 아이들을 범죄자의 시선으로 보는 것은 교육의 책임을 지고 있는 교사나 학부모가 가질 관점은 아닌 것 같다. 오히려 그럴 수밖에 없는 아이의 마음을 들여다보고, 함께 어루만져야 할 과제로 보는 것이다. 둘째, 아이끼리만 만나는 상황을 피한다. 아직 친구가 될 준비가 되지 않은 아이를 똑같이 미성숙한 아이들 속에 두지 말자. 그 안에서 상처를 입는 것도 문제이지만, 상처를 줘야 하는 아이의 문제 행동도 반복된다. 무조건 친해져야 한다는 생각을 내려놓을 필요가 있다. 세 번째, 부모와 자녀 사이에 심리적 거리감은 없는지 살펴야 한다. 부모가 어려워서 친구 관계 고민을 말하지 못하는 경우가 있다. 그렇게 되면 아이를 도울 수 없다. 문제가 생긴 줄 몰랐을 테니까. 반대로 부모가 아이를 잘 배려하는데도 아이가 부모에게 솔직하게 고민을 말하지 못하는 경우도 있다. 이런 경우에 부모에게 걱정을 끼치기 싫어서 문제를 감추기 때문이다.

아이가 친구 문제로 고민하는 것을 알게 되었을 때는 우선 그 아이의 부모와 직접 해결하기보다는 담임 선생님께 의논하는 것이 좋다. 이 문제가 어느 정도의 선에서 해결될 수 있을지 정보를 들을 수 있기 때문이다. 그리고 가능하다면 아이의 환경을 바꿔주는 것도 좋다. 교사가 개입되었는데도 문제가 해결되지 않는다면, 전학을 가거나 이사를 가서 환경을 바꾸는 것도 필요하다. 부모가 나서서 아이를 보호하기 위해서는 얼마간 아이의 등하교 길을 동행하는 것도 필요하다. 보다 온건한 방법으로는 과자 등을 포장해서 간단한 쪽지를 넣어 전달하는 것도 효과가 있었다. '우리 아이가 너와 성격이 잘 맞지 않아서 거리를 두었으면 좋겠다' 정도의 내용이면 된다.

아이를 키워내는 과정은 부모에게 쉽지 않은 일이다. 학교에서 아이들을 가르치는 나도 내 자녀의 일은 쉽지 않다. 가끔은 자기 반 담임도 아닌데, 나를 찾아오는 학부모가 있다. 같은 학교에 있는 학부모는 되도록 내가 직접 상담하지 않는다. 이후에 그 담임선생님에게 상담 사실을 말하기 곤란하기 때문이다. 그래서 다른 학교 학부모는 직접 상담해주지만, 같은 학교의 경우는 내가 좋아하는 상담선생님을 연결해준다. 광성초에서 인연이 된 고복순 선생님은 이런 문제에 매우 지혜롭고 능숙한 상담선생님이다. 그분께 부탁을 드려서 도움을 받은 적이 있다. 우리는 학교에 근무하기 때문에 상담은 비용 없이 봉사 차원에서 해 준다.

에 필 로 그

이젠,

학교가 징글징글하지 않아?

그럴 때가 있다. 아니, 많다. 도저히 못 견디는 상황이 나라고 없겠는가? 하루에도 열두 번 감정이 오르락내리락. 관계로 야기되는 복잡 미묘한 감정은 늘 징검다리 건너듯 해결해야 할 과제였고, 매일 같이 터지는 예기치 못한 사건 사고들은 또 얼마나 많은

지. 텅 빈 교실에 앉아 몇 번이고 마음을 다잡았는지 모른다. 그런데도 교사라는 직업은 참 재밌다. 힘들 때도 많지만, 이게 일인지 놀이인지 분간이 안 갈 정도로 재밌는 순간이 훨씬 더 많다. 적어도 내게 교직 생활은 그랬다.

몇 해 전, <나는 오늘도 학교에 놀러 간다> 책을 출간하고, 우리 반 아이들에게 몇 소절을 읽어 준 적이 있다. 아이들이 읽기에는 다소 버거운 페이지의 책임에도 불구하고, 몇몇 아이들은 책에 나온 친구들의 이야기가 재밌다며 읽고 또 읽곤 했다. 그 책은 나도 참 재미있게 읽었던 것 같다. 에피소드를 읽을 때마다 사건 사고들이 꼬리에 꼬리를 물며 이내 피식 웃게 된다. 아마 교직 생활을 그만두고 난 후에도 내 서재에 고이 모셔둘 보물이 되지 않을까 싶다.

그리고 오늘, 학교 이야기가 담긴 또 다른 책의 마지막 장을 쓰고 있다. 이 책에 담긴 이야기는 다양한 아이들을 즐거운 배움에 참여시키기 위해 사용했던 다채로운 교육 활동이었고, 아이들 개개인의 성향과 취향을 존중하여 반영한 덕분에 탄생한 아이디어였다.

우리 반의 교실 풍경은 내가 만든 환경이 아니다. 아이들이 자발적으로 주도하여 만든 풍경이다. 그렇기 때문에 무언가 정형화된 시스템은 없다. 이 모든 것은 언제든 아이들이 달라지면 자연스레 변화될 수밖에 없는 시스템이고, 다채로운 활동에 대한 아이디어도 늘 아이들이 결과를 만들어서 보여주기 때문이다. 중요한 것은, 교사로서 우리가 아이들을 어떻게 대하고 있는지 스스로 아는 것. 그것이야말로 교직 생활에 있어 가장 중요한 화두라 생각한다.

정수기샘의 교사수첩

초판 1쇄 인쇄 2022년 1월 20일
초판 1쇄 발행 2022년 1월 25일

지은이 정수기
펴낸이 박하루
펴낸곳 슬로라이프

책임편집 박소영
교정교열 도연재
북디자인 김송이

발행처 (주)하루랩 **임프린트** 슬로라이프
출판등록 2017년 6월 15일 제 2017-000118호
주소 서울시 서초구 반포대로23길 13, 5층 L198호
전화 0508-4202-7946 **이메일** haru@harulab.com
홈페이지 www.slowlifebook.com

ISBN 979-11-90447-10-2 (03190)
슬로라이프는 (주)하루랩의 라이프스타일 출판 브랜드 입니다.

슬로라이프는 원고기획부터 출판까지 전담 편집자의 1:1 원격 상담을 통해 작가가 원고를 끝까지 마무리 할 수 있도록 안내 합니다. 출판을 고민하고 있는 예비 작가라면 홈페이지 (www.slowlifebook.com) 접속 후 담당 편집자에게 샘플 원고를 보내주세요. 출판에 한 걸음 더 가까워 집니다.